AF477210

Félix Lope de Vega y Carpio

Las famosas asturianas

Barcelona **2024**
Linkgua-ediciones.com

Créditos

Título original: Las famosas asturianas.

© 2024, Red ediciones S.L.

e-mail: info@linkgua.com

Diseño de cubierta: Michel Mallard

ISBN tapa dura: 978-84-1126-172-2.
ISBN rústica: 978-84-9816-203-5.
ISBN ebook: 978-84-9897-734-9.

Sumario

Brevísima presentación

La vida

Félix Lope de Vega y Carpio (Madrid, 1562-Madrid, 1635). España.

Nació en una familia modesta, estudió con los jesuitas y no terminó la universidad en Alcalá de Henares, parece que por asuntos amorosos. Tras su ruptura con Elena Osorio (Filis en sus poemas), su gran amor de juventud, Lope escribió libelos contra la familia de ésta. Por ello fue procesado y desterrado en 1588, año en que se casó con Isabel de Urbina (Belisa).

Pasó los dos primeros años en Valencia, y luego en Alba de Tormes, al servicio del duque de Alba. En 1594, tras fallecer su esposa y su hija, fue perdonado y volvió a Madrid. Allí tuvo una relación amorosa con una actriz, Micaela Luján (Camila Lucinda) con la que tuvo mucha descendencia, hecho que no impidió su segundo matrimonio, con Juana Guardo, del que nacieron dos hijos.

Entonces era uno de los autores más populares y aclamados de la Corte. En 1605 entró al servicio del duque de Sessa como secretario, aunque también actuó como intermediario amoroso de éste. La desgracia marcó sus últimos años: Marta de Nevares una de sus últimas amantes quedó ciega en 1625, perdió la razón y murió en 1632. También murió su hijo Lope Félix. La soledad, el sufrimiento, la enfermedad, o los problemas económicos no le impidieron escribir.

Las famosas asturianas

Comedia

Félix Lope de Vega y Carpio

Dedicada a don Juan de Castro y Castilla
Gentilhombre de la boca de Su Majestad, Corregidor de Madrid

De la antigua casa y nobleza de vuestra merced propuse a las musas la historia
en acto cómico; y no habiéndome dado lugar el tiempo, con pleitos, materia
casi, adversa a la quietud de su sagrado monte, dejé a más ocio disponer este
deseo a la voluntad, y su efeto a la obligación; porque no es justo que cosas
tan grandes no tengan el lugar que merecen, para ser tratadas con diferencia
y respeto; y así, entre tanto, quise ofrecer a vuestra merced esta historia, que
escribí en lenguaje antiguo para dar mayor propiedad a la verdad del suceso,
y no con pequeño estudio, por imitarla en su natural idioma. Tuve en esta ima-
ginación presente aquella puerta insigne de la gran ciudad de Burgos, a quien
vuestra merced ha honrado tanto, que, como Roma dio la imagen a Scévola,
por único, parece que ha puesto en manos de vuestra merced su antigua cali-
dad y grandeza, jamás ofendida del tiempo, que deshace las grandes casas,
pero no los blasones de sus dueños. Vuestra merced la reciba en feudo de mi
rendimiento y obligación a tantas mercedes recibidas, y dele el cielo el lugar
que su gran entendimiento, y cristiano celo tienen tan merecido y yo deseo.

Capellán de vuestra merced,
Lope de Vega Carpio.

Personajes

El rey Alfonso el Casto
Amir, moro
Nuño Osorio
Celín, moro
Don García, viejo
Tello
Doña Sancha
Pascual, villano
Laín de Lara
Toribio, villano
Sol
Leonor
Fisnando
Tomé
Alarico
Vela, soldado
Fortuno
Anzures, soldado
Teudo
Soldados cristianos
Meledón
Soldados moros
Froilán
Doncellas
Tenorio
Músicos
Suero
Acompañamiento
Audalla, moro
Gente
(La escena es en León y en otros puntos.)

Jornada primera

Plaza de León, con puerta de un monasterio.

(El rey don Alfonso, retirándose; Fisnando, Alarico, Fortuno y Gente amotinada, tras él.)

Rey Alfonso   Al vueso rey hacer tamaño tuerto,
no es de buenos ni de hijosdalgo.

Fisnando   O muera, o le prended.

Rey Alfonso   Será más cierto
morir, traidores.

Alarico   No cuidéis en algo.

Rey Alfonso   Ya estoy, villanos, en sagrado puerto. 5
De las aras de Dios me agarro y valgo.

(Éntrase en el monasterio, y cierran.)

Fisnando   Alfonso, hoy finará tu corto imperio.

Alarico   Los monjes han cerrado el monasterio.

Fisnando   ¡Por la crisma bendita que posada
traigo en la frente, que no deje el puesto, 10
ni de camisa he de cubrir la espada,
hasta que todo yaga descompuesto!

Alarico   La puerta es fuerte, en hierros aforrada:
no se podrá desquicionar tan presto;
y si los monjes puyan a la torre, 15

	nuestra vida, a la fe, peligro corre.
Fisnando	Pues ¿qué pueden hacer los capilludos?
Alarico	Tirar de en somo bien fornidos lanchos,
	y asaz que son de gruesos y membrudos,
	y en se guarir los parapetos anchos. 20
Fisnando	No fuimos en matarle bien sesudos;
	mas cuiden los Alfonsos y los Sanchos
	que no han de reinar, ni sus injurias
	sufrir los homes de León y Asturias.

(Nuño Osorio, el Capitán Teudo, Froilán, Tenorio, Fisnando, Alarico, Fortuno, Gente.)

Teudo	¿No llevaremos gente?
Nuño Osorio	No me basto 25
	a sofrenar, en viendo tan notorio
	el daño a mi rey, Alfonso el Casto.
Alarico	Éste es el montañés don Nuño Osorio.
Nuño Osorio	Siempre mi sangre en su servicio gasto.
	¡Aquí, Teudo, Froilán; aquí, Tenorio! 30
	¡Mueran estos traidores, y el rey viva!

(Pelean; los amotinados huyen.)

Teudo	¡Verá cuál va la gente fugitiva!
Nuño Osorio	Por la casuella santa de Ildefonso,
	que no ha de quedar vivo ninguno.

| Teudo | Pues a Fisnando cántenle un responso. | 35 |

| Nuño Osorio | Y a Alarico no menos, y a Fortuno. |

| Teudo | Ya sale de la igreja el nueso Alfonso. |

Nuño Osorio	¡Oh hidalgos! No quede de vos uno
	que no yaga a los pies de Alfonso el Bueno,
	de tanta gloria y bienandanza lleno.	40

(El Rey, Nuño, Teudo, Froilán, Tenorio.)

Rey Alfonso	No vos humilledes tanto,
	amigos, pues que por vos,
	del querer del cielo en pos,
	a tanto bien me levanto.
	Los vuesos brazos me dad;	45
	que miembros de tal firmeza
	harán bien con la cabeza
	junta y unida igualdad.

Nuño Osorio	Rey nueso, cuanto nos honras,
	tanto a ti mismo levantas:	50
	deja besar esas plantas;
	que harto de asaz haces honras.
	aquellos homes traidores
	de abolengo de otros tales,
	¿cómo pueden ser leales,	55
	no lo siendo sus mayores?
	Todos los que ves aquí
	son de aquellos asturianos,
	cuyos abuelos cristianos
	molares hacen allí,	60

por la pérdida de España;
éstos, ganando a León
con el valiente escuadrón
que salió de la montaña,
hicieron rey a Pelayo,   65
a quien sucedió Favila,
primero Alfonso, y Froíla,
de los africanos rayo,
aunque por los suyos muerto,
por vengar a Vimarano;   70
que el ser Caín de su hermano
no era al cielo encubierto.
Reinaron Aurelio y Silo,
y aunque a Dosinda pesó,
Mauregato sucedió,   75
bastardo y de tal estilo
(¡mala su memoria sea!),
que a tal tributo dejó
de cien doncellas, que yo
no quiera Dios que lo vea.   80
La merindad de Pravía
le soportó que debiera
hincar en mala hoguera,
polvos al aire aquel día.
Bermudo en pos del que digo,   85
por estar vos desterrado
en Navarra, fue llamado
al reino entonces conmigo;
mas él, que claro sabía
que érades vos heredero   90
legítimo y verdadero,
que por padre vos venía,
en Safagún se vistió
la cogulla de Benito,

y renunció por escrito   95
el reino, que vos, donó.
Según esto, si sos vos
fijo del rey don Froíla,
¿qué vos cansa y aniquila
ése, que mal haga Dios?   100
A vos, Alfonso, os atañe:
quien vos lo niega es traidor.

Rey Alfonso   Con tan noble defensor
                   no hay traición que me dañe.
                   Págevoslo Dios, amén,   105
                   buen alcaide de León.

Nuño Osorio   Yo vos beso por el don
                   la mano, y el pie también.
                   Hágavos Dios, rey sesudo,
                   tan temido y acatado,   110
                   que tenga el vueso reinado
                   al más envidioso mudo.
                   Seáis de Dios temeroso
                   y celador de su ley;
                   que no puede ser buen rey   115
                   sin ser de Dios pavoroso.
                   Veáis las vuesas banderas
                   sobre las aguas del Tajo,
                   aunque vos cueste trabajo
                   el conquerir sus fronteras.   120
                   y si vos sucede bien,
                   lleguen a Guadalquivir,
                   y aun al mar oso decir,
                   que puedan nadar también.
                   Crezca vuesa renta al año   125
                   treinta mil maravedís.

Rey Alfonso	Todo el bien que me decís	
	no será por vueso daño;	
	que vos juro, el buen Osorio,	
	que vos amo asaz y quiero	130
	por antiguo caballero,	
	de Solar y hecho notorio,	
	y por vuestra gran lealtad,	
	y porque aquí me habéis dado	
	la vida, y aventurado	135
	la vuesa a mi libertad;	
	que si no fuera por vos,	
	rompieran el monasterio,	
	de nuestro honor vituperio	
	y poco pavor de Dios.	140
	Y tórnovos a endonar,	
	por lo que me bendecís,	
	quinientos maravedís	
	de renta al vueso yantar.	

Rey Alfonso
    Todo el bien que me decís
    no será por vueso daño;
    que vos juro, el buen Osorio,
    que vos amo asaz y quiero   130
    por antiguo caballero,
    de Solar y hecho notorio,
    y por vuestra gran lealtad,
    y porque aquí me habéis dado
    la vida, y aventurado   135
    la vuesa a mi libertad;
    que si no fuera por vos,
    rompieran el monasterio,
    de nuestro honor vituperio
    y poco pavor de Dios.   140
    Y tórnovos a endonar,
    por lo que me bendecís,
    quinientos maravedís
    de renta al vueso yantar.

Nuño Osorio
    Y yo a besaros los pies   145

Rey Alfonso
    A Teudo, mi capitán,
    doble sueldo le darán.

Nuño Osorio
    Leal y hidalgo es

Teudo
    El cielo os dé larga vida.

Nuño Osorio
    Vamos; que os quiero hacer   150
    fiestas.

Teudo
        Hoy os ha de ver
    con la corona sumida

hasta los ojos León,
porque mostréis en la faz
que vos ha ofendido asaz   155
la mengua de su traición.

Nuño Osorio   Como al cuerpo los sentidos,
son al gobierno los nervios,
el castigar los soberbios
y el perdonar los rendidos.   160
Tomemos muesos caballos,
y la fiesta se aperciba.
¡Viva Alfonso el Casto!

Los Otros   ¡Viva!

Rey Alfonso   Guárdevos Dios, mis vasallos.

(Vanse.)

(Monte.)

(Doña Sancha, sola, con montera de caza, vaquero y venablo.)

Doña Sancha   ¿Cuidaste que temía,   165
oso feroz, peludo,
tu catadura fiera doña Sancha?
¿Cuidaste que huía,
pues no hacerlo pudo
el africano, que su campo ensancha?   170
La verde yerba mancha
tu fiero humor sangriento,
haciéndote de grana
la parda y roja lana,
indicio de mi brazo y ardimiento;   175

que destas bizarrías
están colmadas las hazañas mías.
No será tu cabeza
la primera que entolde
el dintel de la puerta de mi casa,   180
puesto que tu fiereza
vendrá como de molde
al arco que de reja a reja pasa.
Calor del Sol me abrasa,
sin el del ejercicio: 185
haced, árboles, sombra,
y vos, yerbas, alfombra;
que no hay en las cortes edificio
como le hacen juntas
de los trabados álamos las puntas.   190
¡Oh cristalinas fuentes,
donde suelo tocarme,
por haceros espejos de mi cara,
con cercos relucientes
de yerba, en que sentarme,   195
y tanta flor en que la vista para!
Cuida Laín de Lara,
que en estrado le atiendo
en cuadras de mi casa,
porque con él me casa   200
mi padre; y yo, que aun de le ver me ofendo,
ando por estas flores
cazando fieras y olvidando amores.
No ál que el verme libre
piensa mi pensamiento;   205
lo ál arrojo de mi alma lueñe.
El dardo el brazo vibre,
y al oso corpulento
en tierra el cuento la cuchilla enseñe.

Laín de Lara sueñe   210
sus fingidos placeres;
que yo por bosques quiero
teñir el blanco acero:
que no se amañan todas las mujeres
a desfilar vainillas,   215
que hacen a los homes lechuguillas.

(Laín de Lara, con una ballesta; doña Sancha.)

Laín de Lara
(Sin ver
a doña Sancha.)   Con armas cazadoras
de fieras alimañas,
¿quién vio jamás venir a caza hembras?
Las viras matadoras   220
en ásperas montañas
osos matan, amor, si bien te miembras;
mas tú, cruel, que siembras
ya por tan luengos días
al viento mi esperanza,   225
sin que hagas mudanza
de tu rigor y las tristezas mías,
sabes que no hay fiera
como mujer que olvida y persevera.
No ando yo mezquino   230
por las calles mirando
las puertas de mi Sancha, no las rejas;
no voy a hallar camino
amando y suspirando
entre los hierros, de colar mis quejas.   235
ni ve por las semejas
de mi rostro difunto
desde las almohadas

mis cuitas abrasadas,
ni sentado en la silla le pregunto   240
corteses cumplimientos,
no digo enamorados pensamientos.
En la sierra fangosa
la busco entre las fieras,
en los bosques de bojes y de tejos.   245
Ya con la red nudosa
prendiendo aves ligeras;
ya matando las liebres y conejos;
ya, sirviendo de espejos
los cristales corrientes,   250
mirándose la cara,
ya de sí misma avara,
huyendo de mirársela en las fuentes,
las hebras por donaire
con más ondas que el mar dorando el aire,   255
solo se diferencia
de las fieras crueles,
en que ellas, a mi llanto enternecidas,
no huyen mi presencia;
que entre aquestos laureles   260
oyen mi voz, de mi dolor vencidas;
yella de las feridas
que en mis entrañas hace,
huye y me deja solo,
desde que muere Apolo   265
fasta que en brazos de la aurora nace.
¡Oh amor!; ¿qué ley sofriera
que fuiga una mujer y oiga una fiera?

Doña Sancha
(Aparte.)   Por las relicas santas
                           que yacen en Oviedo,   270

que ha venido Laín a perturbarme,
tras que vegadas tantas
le he dicho que no puedo
atender a sus cuitas ni casarme.

Laín de Lara
(Aparte.)

 O quieren engañarme   275
mis locas fantasías,
o doña Sancha es ésta.
¿No fueras, ¡oh ballesta!,
arco de amor, que sus entrañas frías
agora trascolaras,   280
y rendida a mis quejas la fincaras?

Doña Sancha
(Aparte.)

Huir quisiera y no puedo;
que será descortesía.

Laín de Lara
(Aparte.)

No es la sierra tan fría
como es el amor con miedo.   285
Ánimo, turbada lengua;
pies cobardes, ¿qué os heláis?
Si de una hembra tembláis,
calársevos ha por mengua.
¡Oh Sancha hermosa!

Doña Sancha   ¡Oh Laín!   290

Laín de Lara   ¿Siempre en el campo?

Doña Sancha   ¿Qué cosa
más agradable y hermosa?

Laín de Lara

El cultivado jardín
conviene a la tierna dama,
que no la nevada sierra;   295
que como al home la guerra,
acuciadora de fama,
tal a la hembra la paz,
el estrado y la labor.

Doña Sancha

Damas que cuidan de amor   300
fallen sentadas solaz.
Yo, Laín, en este sino
y en este planeta fui
nacida al mundo, que a mí
no me alegra el oro fino   305
en el dosel y el estrado,
ni menos la mora alfombra,
sino la apacible sombra
que hacen olmos al prado.
Más precio esperar aquí   310
que un jabalí fiero asome,
que oír blanduras de un home,
puesto que hembra nací.

Laín de Lara

Quien tanta conversación
tiene con las fieras ya,   315
o fiera tornada está,
o sus entrañas lo son.
Abranda (que Dios te guarde)
ese indomable albedrío
al largo tormento mío,   320
y no me remedies tarde.
El tu padre y mi señor
mi esposa quiere hacerte:
no es cordura esconderte,

| | Sancha, y despreciar mi amor. | 325 |
| | Tú has de ser mía. | |

Doña Sancha   Detén,
                   Laín, la lengua y la mano.

Laín de Lara   El ser yo tan cortesano
                  faz que no me trates bien.
                  Pues en el campo no quiero   330
                  ser con tanta esquividad
                  humilde; que mi humildad
                  hace tu rigor tan fiero.
                  Esa mano me has de dar.

Doña Sancha   ¡Ay, el home lo que diz!   335
                  pues por la sobrepelliz
                  que lleva el crego al altar,
                  y aun por el santo varraco
                  de San Antón, vos prometo
                  que si el chuzo vos espeto,   340
                  que vos haga un buen foraco.
                  No debedes de pensar
                  el valor de doña Sancha.

Laín de Lara   Tengo yo el alma, atán ancha,
                  que no lo es tanto la mar.   345
                  No me la alteran tormentas
                  ni me la menguan tormentos.
                  Faz tú, Sancha, sentimientos;
                  que aun me regalo en que sientas.
                  Y advierte que estos desdenes   350
                  me pagarás algún día;
                  que por fuerza serás mía,
                  y haré entonces que penes.

Doña Sancha   ¿Yo tuya?

Laín de Lara   Ya está tratado,
             fiera, rebelde, enemiga   355
             de ti misma.

Doña Sancha   Aunque él lo diga,
             no pienso tomar estado.

Laín de Lara   ¡Ay, que ha dicho contra el santo
             mandamiento de honrarás
             tu padre y madre!

Doña Sancha   Aunque más   360
             astuto y artero tanto,
             me levantes testimuños,
             no me harás que te quiera;
             que, como víbora fiera,
             aborrezco matrimuños.   365

Laín de Lara   Y ¿dejarásme morir?

Doña Sancha   No hagas del zorro, no;
             que he leído en copras yo
             que saben homes fingir.

(Sol, dichos.)

Sol   En tu búsqueda venía,   370
             trotando todo ese valle.

Doña Sancha   No hay, Sol, quien no me falle
             somo desta fuente fría.

¿Qué hay en casa? ¿Es ya venido
el mío señor a yantar?   375

Laín de
Lara (Aparte.)   Aquí me quiero posar,
entre esta yerba escondido.

Sol   Antes vino de León
Lireno, que le ha contado
que al Rey de nuevo han jurado   380
los que más hidalgos son,
después de aquella presura
que entre los monjes sofrió;
porque ya Osorio venció
toda esa banda perjura;   385
el cual con los asturianos
tales fiestas enordena,
que está la ciudad más llena
que una granada de granos.
¡Ay Dios, si fueras allá!...   390
Mas no tienes condición.

Doña Sancha   Las cosas de Osorio son
tales, que me obligan ya
a ver de qué catadura
es home de tanta pro,   395
aunque nunca se me oyó
atamaña desmesura.
Mas ¿siempre tengo de ser
piedra, nieve, sierra, monte?
Pues, Sol, de camino ponte,   400
faz en un carro poner
el paño de las figuras,
y en las tablas un tapete.

Sol

Hoy el cielo te promete
mil linajes de venturas.   405

Doña Sancha

Desdichas lo contradicen.

Sol

Es tu desdén muy notorio.

Doña Sancha

Vamos a ver si este Osorio
es tan galán como dicen.

(Vanse las dos.)

(Laín, solo.)

Laín de Lara

No queda más helado y pavoroso,   410
zambulléndose el Sol, el pajarillo,
que de uno y otro pálido ramillo
fabricaba su nido artificioso,
que yo sin ti, dulce desdén hermoso,
tanto, que de vivir me maravillo,   415
posándome por horas el cochillo,
desesperanzas de mi bien dudoso.
¿Vaste a León? Bien haces; que ese nome
conviene a tu cruel naturaleza;
diamante que no hay sangre que te dome,   420
deja para las fieras la dureza;
que Dios fizo la hembra para el home,
y no para ti misma tu belleza.

(Vase.)

(Audalla, moros, con bandera y caja; Amir.)

Audalla	Mi parecer, Amir, es que la gente	
	no se acerque a León; que estos cristianos	425
	suelen mudar diversos pareceres,	
	y cuantas son entre ellos las cabezas,	
	tantos son los acuerdos y consejos.	

Audalla   Mi parecer, Amir, es que la gente
              no se acerque a León; que estos cristianos   425
              suelen mudar diversos pareceres,
              y cuantas son entre ellos las cabezas,
              tantos son los acuerdos y consejos.

Amir   Bien dices, negociemos desde lejos;
              y tú puedes partir, famosa Audalla,   430
              a hablar al rey Alfonso por el nuestro
              y dalle la embajada de su parte;
              que no podrá ofendernos ni agraviarte.

Audalla   Pues quédese la gente en este monte,
              en tanto que las parias nos concede;   435
              que somos pocos para estar más cerca,
              y cada día crecen los cristianos
              en número, en valor y atrevimiento,
              y bajan de esas sierras ciento a ciento.

Amir   Su aspereza notable fue la causa   440
              que no las conquistase el fuerte Muza,
              y que ellos por sus altas asperezas
              pudiesen esconderse de su furia
              sin recibir de su poder injuria.

Audalla   Agradezcan los godos a Pelayo   445
              la batalla feroz de Covadonga,
              en que perdimos el gobierno todo,
              el absoluto imperio y monarquía
              de la infeliz y conquistada España,
              que de margen a margen fuera nuestra.   450

Amir   En sus reliquias su valor se muestra.

(Celín, Pascual, Toribio, dichos.)

Pascual   Señor, ¿dónde nos llevas desta suerte?

Celín   Pastores, no temáis prisión ni muerte.

Audalla   ¿Qué es eso?

Celín   Dos villanos que he traído
                   destos ganados para que te informes.   455

Audalla   Amigos, no temáis; de paz venimos,
                   no venimos de guerra.

Toribio   No se espante
                   que dos pobres pastores deste monte
                   hayamos tal pavor de sus figuras,
                   acosados de tantas desventuras.   460

Pascual   Estamos admirados que tan cerca
                   de la insigne León llegue un ejército
                   tan pequeño de moros.

Audalla   ¿Ya no os digo
                   que no vengo de guerra? Aunque mi gente
                   armada viene para su defensa;   465
                   que entre enemigos puede haber ofensa.

Toribio   Pues ¿dónde va con cajas y trompetas,
                   atronando ese monte y sus solares,
                   y con más de doscientos caballeros,
                   sin más de otros trescientos infanzones?   470
                   ¿No sabe que en León viven leones?

Audalla   Voy a cobrar las parias que sus reyes
                 pagan al rey de Córdoba, mi dueño,
                 de quien soy capitán.

Toribio   ¿Las cien doncellas?

Audalla   Por las doncellas voy.

Toribio   ¡Coitadas dellas!   475

Audalla   ¿Qué sabéis de León?

Toribio   Que, descuidado
                 de tanta desventura, en grandes fiestas
                 ocupa el tiempo que debiera en armas.

Audalla   ¡Fiestas León!

Pascual   Han hecho unos traidores
                 un gran desaguisado al rey Alfonso.   480
                 Quisiéronle matar, y en el sagrado
                 de un monasterio se zampó huyendo.
                 Tomó las armas el valiente Osorio,
                 y venciendo a Fisnando y Alarico,
                 libró su rey, que apareció otro día   485
                 debajo de un dosel de tela de oro,
                 coronada de rayos la cabeza,
                 Osorio al lado con desnuda espada,
                 y todo el pueblo con laurel y oliva,
                 diciendo a voces: «¡Viva Alfonso, viva!»   490
                 Esto fue al lado de la santa igreja,
                 por cuyos muros, azotando el viento,
                 colgaban los pendones de Pelayo,
                 de Favila, Fruela y de Bermudo,

con los de Alfonso; Alfonso, que bien haya   495
y que ganó renombre de Católico.
Por otra parte, con sus cregos todos
estaba el santo Obispo, revestido
del camisón labrado y la casuella.
Chiflaron más de un hora sobre un libro   500
las flautas, que era gloria de escuchallas,
y cantaron de Alfonso las batallas.

Toribio   Tras esto ha de haber justas y torneos...
mas digo mal; que cesarán las fiestas
con la venida vuesa, y los placeres   505
se trocarán en llantos de mujeres.

Audalla   ¿En eso entiende el rey?

Toribio   En eso entiende
Alfonso valeroso, cuya mano
hagan los cielos tan valiente y fuerte
como la de Pelayo.

Audalla   No prosigas.   510
Camine, Amir, la gente a mejor puesto
por lo que sucediere; que bastamos
Celín y yo para decir a Alfonso
la embajada del rey.

Amir   Marche la gente.

Toribio   ¡Bravo africano!

Pascual   ¡Bárbaro valiente!   515

Toribio   Ojo al ganado.

Pascual
Perros tiene el hato.

Toribio
¡Maldiga Dios, Pascual, a Mauregato!

Pascual
Coitadas las doncellas que llevaren.

Toribio
Más desdichadas son las que las paren.

Pascual
Si yo fuera mujer, aunque muy bella,   520
guardárame, a la fe, de ser doncella.

(Vanse.)

(Doña Sancha, Sol.)

Sol
¿Qué te parece la fiesta?

Doña Sancha
Tan mal, que asaz voy cansada.

Sol
Fiesta que a todos agrada
¿te ha semejado molesta?   525

Doña Sancha
No sé qué darte en respuesta,
más de que en ella sentí
que aquello mejor que vi
fue para mí lo peor;
porque comienzos de amor   530
son desdichas para mí.

Sol
¿Tú de amor?

Doña Sancha
Es atán nuevo,
Sol, para mi condición,

que se corre el corazón
de que a nombralle me atrevo.   535
Cuanto a resistirme pruebo,
tanto más me acucia y mata.

Sol   ¡Cosa que haber sido ingrata
                    quiera el cielo castigarte!

Doña Sancha   Cuido que por esa parte   540
                    mis libertanzas maltrata.
                    ¡Oh! ¡Qué mal hubiese el día
                    que salimos del solar!
                    ¡Qué bien dicen que el pesar
                    es sombra de la alegría!   545

Sol   ¿Qué te fizo, Sancha mía,
                    la fiesta? Que esos cordojos
                    deben de nacer de antojos.

Doña Sancha   Antojos fueron, y atales,
                    que anda el alma en los umbrales 560
                    de las puertas de los ojos.

Sol   Todos aquellos pendones
                    que en la santa igreja vi,
                    me entretuvieron a mí,
                    y sus broslados leones,   565
                    los cregos y crerigones,
                    los calóndrigos, y el canto
                    de tanto chifle, y de tanto
                    cantor que el alma penietra,
                    y el obispo con su mietra,   570
                    que tiene la faz de santo.
                    Desta guisa me embebí,

que ni otra cosa caté.

Doña Sancha   Yo por lo seglar eché,
                     y aun con eso me perdí.   575
                     A los homes atendí,
                     que andaban en sus caballos,
                     que me empujaba a mirallos
                     mi condición belicosa,
                     y del rey la vista hermosa   580
                     trascolóse a sus vasallos.
                     ¿A quién te diré que vieron
                     mis ojos?

Sol   ¿Mas que conjuño
                     a quién viste? Viste a Nuño.

Doña Sancha   A Nuño Osorio metieron   585
                     los ojos, hasta que dieron
                     con él en el alma propia;
                     y dejáronme la copia
                     tan estampada en su centro,
                     que le sirve de alma dentro,   590
                     aunque dos es cosa impropia.

Sol   ¿Que Osorio, Sancha, ha triunfado
                     de tu esquiva libertanza?

Doña Sancha   Y con tal desesperanza
                     de verme en seguro estado,   595
                     que en llegando al desdichado
                     solar en que me retira
                     mi padre, con tanta ira
                     pienso mi vida tratar,
                     que si le ves abrasar,   600

le digas: «Sancha suspira».

Sol

¡A la fe que te ha pegado
buena arponada el rapaz!

Doña Sancha

Allá me estuviera en paz
en los silencios del prado: 605
la Corte pone cuidado.

Sol

Tiene peligros y enojos.

Doña Sancha

Que tenga de Nuño antojos
hembra que yo, ¿no es vergüeña?
Magüer que ya fuera dueña,   610
debiera reñir mis ojos.

Sol

¿Qué sientes dentro de ti,
que no se ve en la mesura?

Doña Sancha

Siento una cierta brandura
que me sonsaca de mí.   615
Si cuido cómo le vi,
la sangre se me trascuela
al corazón, que recela
que se enflaquece de amor;
o es que busca su calor,   620
porque en las venas se hiela.
Andan mil imaginanzas
alrededor del sentido,
y él muy loco y divertido,
fingiéndome seguranzas.   625
Bien me alientan esperanzas
que soy hembra de valor,
aunque es Osorio señor

de buen solar.

Sol   Habrá quedo;
            que tengo a la gente miedo.   630

(Toribio, Leonor, dichas.)

Toribio   ¿Dónde está Sancha, Leonor?

Leonor   ¿No la ves junto de ti?

Toribio   ¿Qué haces parada agora?
            Vuelve a tu solar, señora;
            tu padre envía por ti.   635
            Que, como ya está tan viejo
            y asaz cargado de edad,
            mejor es su autoridad
            para la paz y el consejo.
            Andan moros por allí,   640
            y aunque no vienen de guerra,
            no se comerán la sierra,
            pero los ganados sí.

Doña Sancha   ¿Moros, Toribio?

Toribio   Ha venido
            Audalla, un gran capitán,   645
            con quien diz que a cobrar van
            aquel infame partido
            que fincó de Mauregato
            entre Córdoba y León;
            y aunque moros de paz son,   650
            no puede ganar el hato.
            Ven a tomar la tu lanza,

y en una yegua saldrás,
para que se alueñen más
de tu ganado y labranza.   655
El carro quedaba apuesta
y las tus mujeres.

Doña Sancha   Vamos;
que si nuestra gente armamos
de chuzo, dardo y ballesta,
no llegarán, de pavor.   660

Sol   ¿Y los amorosos lloros?

Doña Sancha   En oyendo nombrar moros,
no se me miembra de amor.

(Vanse.)

(Alcázar de León.)

(El Rey, con corona en la cabeza y cetro en la mano; Teudo, con un pendón;
Nuño Osorio, con una espada desnuda al hombro; Meledón, acompañamiento.)

Teudo   Pósate, gran Alfonso, en la tu silla,
y toma posesión del tu palacio.   665
Vuestra lealtad me honora y maravilla.

Nuño Osorio   Toma aqueste pendón, divina rama
del tronco de Pelayo generoso,
con que ganó ciudad de tanta fama.

Rey Alfonso   Donándomele vos, el buen don Nuño,   670
no puede ser que yo no le levante

con la cochilla que a mi lado empuño.
Fago voto solene a las relicas
y a la casuella santa de Ilefonso,
con todas las demás santas y ricas,   675
de procurar ponerle en riba el Tajo,
porque espante los moros andaluces,
sin perdonar cansancio ni trabajo.
Este león salió de la montaña,
magüer que no se crían en Asturias;   680
y así, suspira por salir de España.
En África los hay; allá sospecho
que volverá, no digo que vencido,
mas a triunfar con vitorioso pecho.

(Suero, dichos; después, Audalla.)

Suero   Un moro cordobés, llamado Audalla,   685
                       embajador del Almanzor, te pide
                       le des licencia.

Rey Alfonso   Bien podemos dalla;
                       que oír al enemigo nunca impide.

(Vase Suero y vuelve con Audalla.)

Audalla   Dame tus reales pies.

Rey Alfonso   Levanta, Audalla, del suelo;   690
                       que tu fama y tu embajada
                       te dan a mi lado asiento.

Audalla   Por tal merced y favor
                       otra vez los pies te beso.

Rey Alfonso   ¿Cómo queda nuestro amigo   695
                 Almanzor?

Audalla   No queda bueno.

Rey Alfonso   ¿Viéneslo tú?

Audalla   A tu servicio;
                 y por Alá, que me huelgo
                 de verte, Alfonso, en estado
                 de tan dichosos sucesos.   700

Rey Alfonso   Mercedes a mis vasallos;
                 que, después de Dios, les debo
                 este lugar en que estoy,
                 y esta paz en que me veo.
                 ¿Qué es lo que manda tu rey?   705

Audalla   Alfonso, en breve te quiero
                 dar cuenta de mi venida.
                 Ya sabes que aqueste reino
                 posees con justas parias
                 y con reconocimiento   710
                 debido al rey mi señor

Rey Alfonso   No por mi culpa, a lo menos,
                 sino de algún home indigno
                 que tuvo a traición el cetro.

Audalla   Culpa de quien fuere, en fin,   715
                 Alfonso el Casto, yo vengo
                 por las cien doncellas; traigo
                 de resguardo para esto
                 quinientos homes no más,

que con trabajo sustento,   720
por ser áspera Castilla,
y porque traigo decreto
que ahorque al home que hiciere
mal a hidalgo ni a pechero.
Desto podrás colegir   725
que traigo justo deseo
de que luego me despaches;
que quiero volverme luego.

Rey Alfonso   Confieso que en este punto
                   quisiera más por los cerros   730
                   de las Asturias heladas,
                   con abarcas de pellejos,
                   guardar diez pobres ovejas,
                   y romper terrones secos
                   con la reja del arado,   735
                   que la corona que tengo.
                   Tomalda allá; que no es justo
                   que cubra indignos cabellos
                   de rey que por esto pasa.
                   No es, el mi Alfonso, tiempo   740
                   de hacer esas mofinas.

Rey Alfonso   Pues ¿cuándo más tiempo, Teudo?

Nuño Osorio
(Aparte al Rey.)   No te apasiones así
                   delante del mandadero
                   de Alimanzor, sino dile   745
                   que espere afuera, que cedo
                   la respondida darás;
                   que no es bien que esté dentro
                   de tu consejo el morico,

| | que diga allá tu consejo. | 750 |

Rey Alfonso
(Aparte a Nuño.)

(Pláceme, Nuño, en buen hora;
pero no te adarves desto;
que soy home, y no soy piedra,
y ellas hacen sentimiento.)
Salte, honrado moro, afuera   755
mientras la respuesta acuerdo.

Audalla

Mira bien que no te engañen
consejos de homes soberbios.
Cien mil moros en campaña
puede Alimanzor, mi dueño,   760
poner en un mes, que pasen
la Sierra-Morena fieros;
homes que al arzón colgado
llevan el pobre sustento,
bizcochos, dátiles, higos   765
y bolsas de agua, de cuero;
que con el cordón alcanzan
de cualquier corto arroyuelo,
caminando, la bebida,
con que más fuertes y recios   770
que vosotros con el vino,
sobre el mismo arzón durmiendo,
caminan, sin apearse,
cincuenta leguas y ciento.

Rey Alfonso

Ya conozco lo que valen,   775
y ellos a nosotros.

Audalla

                Creo,
rey, que aunque es de tu enemigo,

has de tomar mi consejo.

(Vase.)

(Los mismos, menos Audalla.)

Nuño Osorio   ¡Por los huesos de mi padre,
               que se me pasman los huesos   780
               de ver que hable este moro
               donde hay tantos homes buenos!
               Y que, a no venir de paz
               y salvaguarda en efeto,
               que le diera una puñada   785
               que le fundiera los sesos.

Rey Alfonso   ¿Qué os parece, hidalgos, que hagamos?

Teudo   A la fe, gran señor, pagar las parias,
               pues tan sin armas y sin gente estamos,
               cosas a la defensa necesarias.   790
               Si las parias al moro le negamos,
               correrías hará por partes varias,
               pagarán los cuitados que no deben,
               y por ciento, haréis que dos mil lleven.
               No es de responder soberbia alguna;   795
               que no semejan bien los soberbios
               de flacas fuerzas y menor fortuna,
               opuestas a los homes poderosos.
               No apruebo, no, negarle vez ninguna;
               que fuera fecho de homes aviltosos;   800
               mas sea cuando estemos bien seguros
               de defensar las vidas y los muros.

Nuño Osorio   No sé, Teudo valiente, cómo puedes

fablar en que se rindan parias tales.
¡Tú pasas por tal cosa! ¡Tú concedes   805
que estas hembras padezcan tantos males!
No tienes tú de quien quejoso quedes,
pues de la paz con deshonor te vales.
No fijas, no hermanas; que a tenellas,
cuidaras de negar las cien doncellas   810
¿Morir no es mejor ganando fama
que no perder la que mancharte quieres?

Teudo   Osorio, esto razón de Estado llama
que en lo demás en nada me prefieres.

Nuño Osorio   Cien mujeres ¿es bien para la cama   815
de un moro vil?

Teudo   ¿Qué importan cien mujeres,
si por negallas mueren cien mil homes?
Eso es soberbia, que es razón que domes.

Nuño Osorio   ¿Cien mujeres no importan?

Teudo   Si en la casa
de cualquier vecino ves, Osorio,   820
nacer más hembras que varones, pasa
por este daño, pues es bien notorio
hartas mujeres quedan. Ésas casa;
que no harás tan presto desposorio,
cuando paran después otras mujeres,   825
que parirán después cuantas quisieres.
Si el moro desde Córdoba camina,
robando las ciudades y lugares
y ésta nos pone en mísera ruina;
por ciento ¿es bien que tantas desampares?   830

El valor de los homes imagina,
y en el de las mujeres no repares.

Nuño Osorio

Antes por una sola no cuidara
que cien homes el moro cautivara.
Digan tantas hazañas en historias   835
el valor de las hembras en el mundo.

Meledón

Y ¿no bastan, Osorio, las memorias
de aquella Cava, o cueva del profundo?
Alabo tu valor, y tus vitorias
lo dicen; pero en más justicia fundo   840
que por esta vegada den las parias,
pues no hay las defensas necesarias.

Rey Alfonso

Calla Nuño, por mi vida,
pues todos están de acuerdo
que por esta vez se den.   845

Nuño Osorio

Saldréme yo del consejo.

Rey Alfonso

No harás, por vida de Alfonso;
antes endonarte quiero
al cargo de que las lleves.

Nuño Osorio

¿Eso más?

Rey Alfonso

        No me consuelo   850
si me pasa por tu mano.

Nuño Osorio

En vez de favor, me has fecho
un castigo asaz cruel.

Rey Alfonso

Féchense las suertes luego

	de las cincuenta hidalgas.	855

Nuño Osorio   De puro pesar reviento.

Meledón   Quinientas hidalgas hay,
por lista que fizo Suero.

Rey Alfonso   Pues traeldas, Meledón,
y saque cincuenta un nieño,   860
para que Osorio las traiga,
y dé a sus padres consuelo;
que bien será menester
todo su valor y esfuerzo.
¡Hola, Vos llamad el moro.   865

(Van a avisar.)

(Audalla, los de antes.)

Audalla   A ver lo que acuerdas vengo.

Rey Alfonso   Vergüenza, moro, me oprime;
que no me cato denuedo
para decirte que estoy
atenido a malos hechos.   870
Sabe aquel Señor que pisa
los serafines más bellos,
y que cielo y tierra tiene
con tres soberanos dedos,
que quisiera que la muerte   875
collar hiciera a mi cuello
del filo de su guadaña,
antes que dar a tu dueño
cien ángeles inocentes,

que en el su trono pidiendo   880
estén justicia de mí.
Lo demás, que yo no puedo,
te dirán esos hidalgos.

(Vase.)

Audalla   Pues, hidalgos, ¿qué tenemos?

Nuño Osorio   ¿Mírasme a mí?

Audalla   Pues ¿a quién?   885

Nuño Osorio   ¡Pluguiera a Dios, mandadero,
que hiciéramos los dos,
sin arrogancias ni retos,
un desafío en campaña,
y que consistiera en esto   890
el dar las parias o no!

Audalla   ¡Pluguiera a Dios, caballero!
Que no soy de los que allá
tienen mi nación en menos.
Pero ¿quién eres?

Nuño Osorio   Yo soy   895
Nuño Osorio.

Audalla   Basta.

Nuño Osorio   Tengo
poco nombre por allá.

Audalla   Antes, de verte mancebo

me estoy admirando aquí
que eras viejo me dijeron.   900

Nuño Osorio

Siempre los homes famosos
parecen más presto viejos.

Audalla

Yo soy Audalla Almelique.

Nuño Osorio

Alguna noticia pienso
que tengo del nome tuyo.   905

Audalla

Y ¿no de mis obras?

Nuño Osorio

                                         Luego
te puedes partir, Audalla,
a tu escuadrón, que muy cedo
te llevaré cien doncellas;
que el rey quiere (¡ah santo cielo!)   910
que sea yo el que las lleve.

Audalla

Pues, Osorio, allá te espero;
y guárdete Alá.

Nuño Osorio

                                       No sé
cómo la espada detengo;
que este moro soberbioso   915
es la cabeza de aquellos
que han de llevar las doncellas,
y cuido que fuera bueno
darle cuatro cochelladas
por aquellos pestorejos,   920
con que hasta Córdoba fuera
rodando por esos suelos.

Fin de la primera jornada

Jornada segunda

(Sala en casa de don García.)

(Don García, Sol.)

Don García	¿Dónde la mi fija está?
Sol	¿Ya no sabes dónde fue?
Don García	A peligro va.
Sol	¿Por qué?

Don García

Porque por el monte va;
y lo que yo le pedí   5
era defensar la casa
en tanto que el moro pasa;
que diz que se aloja aquí.

Sol

Tú, mí señor don García,
tienes culpa de sus mañas,   10
pues haciendo en las montañas
matanza en la morería,
a doña Sancha engendraste
tan fija de tu valor,
que luego que del rumor   15
de los moros la avisaste,
vino al solar de León,
y subiendo en una yegua,
por más de una grande legua
que tienes jurisdicción,   20
escorriendo con la lanza
y el acerado pavés,

por todo el monte que ves
va haciendo seguranza.

Don García   ¿Quién fue con ella?

Sol   Allá fueron   25
armados los labradores,
de su ganado pastores.
Dos ballestas me pidieron
y dos buenos capacetes,
que saqué de tu armería.   30

Don García   Ya, Sol, no la nombres mía,
ni la mi edad inquietes.
Pasó el tiempo en que cubierto
de mallas fasta los pies,
o con el dorado arnés   35
por somo del brazo abierto,
con solo asir el arzón,
si alguna memoria tienes,
me posara en los borrenes
de la silla del trotón;   40
y que iay de la escuadra mora
por donde colara el hierro,
(si en alabarme no yerro,
ende más caduco en sora)!
Que todos gritaban lugo: 45
«¡Cata, que va don García!»
Mas llegó la vejez mía
cuando al tiempo veloz plugo,
y está en las venas heladas
de tal guisa aquel calor,   50
y tan opreso el valor
de mis hazañas pasadas,

que aunque agora me ciñera
la espada, y no la colgara,
no cuido que la sacara   55
de la vaina, aunque quisiera.
pues a la fe, que solía
dar tan buenas cuchilladas,
que un home hasta las quijadas
por el celebro partía.   60

(Doña Sancha, con un peto o jaco de malla y una lanza, y una banda colorada;
Toribio y Pascual, con ballestas y morriones; dichos.)

Doña Sancha   ¿Por mí, pregunta el mío padre?

Don García   ¿Es mi fija?

Sol   ¿No la ves?

Don García   No hay gusto que me des
ni que con mis años cuadre,
como verte con valor,   65
ya que no fui venturoso
que fueras fijo famoso,
y no hembra de labor.
Aunque no te niego el miedo
con que de tu daño estoy.   70

Doña Sancha   Segura en tu sangre voy,
que ser ferida no puedo.

Don García   ¿Qué has fecho?

Doña Sancha   Una vista di
a la escuadra de ese moro,

sin que aviltase el decoro   75
con que tu fija nací.
Ende más, que no salieron
ni a mí.ni a los tres criados;
que, del ganado arredrados,
tienda en el valle hicieron.   80

Don García   Yo tengo un poco que quiero
a solas fablar contigo.

Doña Sancha   Si no ha de haber testigo...
¡Hola!, tomad este acero,
y colgadle en la armería,   85
y en el lancero posad
este fresno, y aguardad
en fuera, por vida mía.

(Vanse Sol y los criados.)

(Don García, doña Sancha.)

Don García   Fija, yo tengo ya bastantes años
para cuidar en la vecina muerte;   90
que, como con el tiempo el edificio
se va desmoronando, y es indicio
de que amenaza ya total ruina,
así en la edad la muerte se avecina.
Cuando destas paredes, de humo llenas,   95
se van cayendo a tierra las almenas,
no me permitas, no, morir sin gusto;
que cuido que en la muerte haberle puede,
cada que un padre muere consolado
de que deja sus fijos en estado.   100
Téngote sola a ti; luego tú sola

eres mi pensamiento.

Doña Sancha   Nunca he sido
desobediente, ¡oh padre!, a tus quereres.
¿Qué estado al tu placer donarme quieres?

Don García   El de casada, fija de míos ojos,   105
para que el abolengo de mi casa,
ya que no se dilate por varones
del apellido de León, leones,
se destiendan por hembra tan leona,
que más hace honoranza que baldona.   110
Es Laín un hidalgo bien sesudo,
home de pro para la paz y guerra,
y que tiene solar en muesa tierra.
Los Laras son famosos caballeros,
y este mancebo escurre de su alcurnia   115
atán derechamente como debe.
Yo traté su buen padre, Sancho Lara,
y fuimos a la guerra de Galicia
habrá cuarenta y nueve o cincuenta años,
y aun aquella vegada francamente   120
me dio la su cochilla, que estimaba,
con unos talabartes carmesíes.

Doña Sancha   No te alueñes agora del sujeto,
que si te miembras de tus mocedades,
no finarás la habla en todo el día.   125

Don García   Pues digo que Laín es noble y rico,
tan bien acostumbrado y vergonzoso,
que me ha jurado, fija, en su conciencia,
que no ha conocido hembra alguna,
y pasa de treinta años, que no es poco,   130

según está la edad, pues ya los homes
de veinticinco o veintiséis se alaban
de que tienen amores con las hembras;
que es lástima de ver cuál está el mundo.

Doña Sancha   Laín tiene las partes y virtudes   135
                   de que tú le acompañas; yo no quiero
                   responder como hembra libertada.
                   Dale, bien que tasadas, esperanzas;
                   que yo diré, señor, de aquí a seis meses
                   mi voluntad; que no es largo plazo.   140

Don García   Respóndate mi gozo y este abrazo.
                   Voy contento en extremo; pero advierte
                   que no te enfades si viniere a verte.

(Vase.)

Doña Sancha   Tamaña desaventura
                   por hembra no sucedió.   145
                   ¡Sol! ¡Hola, Sol!

(Sol, doña Sancha.)

Sol   Aquí estó.

Doña Sancha   Ferida estoy de tristura.

Sol   ¡Mal hubiera, la mi Sancha,
                   la poridad del tu padre!
                   ¿Qué te habló que no cuadre?   150

Doña Sancha   Hacer la fuesa muy ancha
                   es desquillotro además

de quien ha dicha pequeña;
y hacerla cuando nieña
asaz le conviene más.   155
El mío padre, Sol, me fuerza
a casarme con Laín.
Pedí seis meses, a fin
de que mi gusto no tuerza,
y porque en ellos podría   160
otra cosa suceder.

Sol   No has de ser su mujer,
                        si más que Jacob porfía.

Doña Sancha   Yo te lo juro, mi Sol;
                        que Nuño Osorio es mi esposo.   165

Sol   No hay home tan famoso,
                        ni tan gallardo español.

Doña Sancha   ¡Ay Sol, que estoy mal ferida!
                        ni duermo ni como ya.

(Laín, Toribio, dichas.)

Toribio   Sola, aunque con Sol, está,   170
                        que es la su prima querida.

Laín de Lara   Es día Sancha, y sereno
                        no estuviera sin Sol,
                        aunque de tanto arrebol
                        para mis mudanzas lleno.   175
(Retírase Toribio.)   Sancha, el tu padre me ha dado
                        licencia que te visite,
                        cada que amor lo permite

en fucia de desposado.
No me trastuernes la faz   180
por esquivanza de honor;
que no deslustra el valor
aquello que al dueño praz.
Da licencia a que te den
los homes de mi solar   185
un presente, de estimar
por la voluntad también;
que yo la he compuesto ufano
en cestas de mimbres hoy,
si tan favorito soy   190
que pongas en él tu mano.
Nueces y avellanas nuevas
en sus cárceres, tan blandas,
que si partir se las mandas,
aunque a tus perlas te atrevas,   195
se las puedes confiar
sin pavor de que las dañen;
y éstas quise que acompañen
las piñas del mi pinar,
toda la cáscara enjuta,   200
y de tal guisa, que luego
que las arrimes al fuego,
te darán su blanca fruta.
Viene más un lindo escriño
de pechiabiertas granadas,   210
de jazmines coronadas
para más hermoso aliño;
que si no te fago agravios,
semejan (no te amohínes)
los granos y los jazmines   215
a tus dientes y a tus labios.
Viene un cabrito manchado

de tal guisa pieza a pieza,
que sola Naturaleza
le pudiera haber pintado;   220
y para que no me tache
nadie de vil amador,
en un cincho de color
un Santiago de azabache.
Mas todo es poco, a la fe,   225
para tu gran señorío,
y más si pierde por mío:
que nunca yo te agradé.

Doña Sancha   Laín, a mi padre amado
debo yo ser obediente,   230
no cuando forzarme intente
a tomar sin gusto estado.
Estoy lejos de pensar
en matrimuños agora.

(Vase retirando.)

Laín de Lara   Pues ¿por qué te vas, señora,   235
y no me quieres fablar?
Aguarda, percata un poco
la fiera cuita en que yago;
ca no de tamaño estrago
guariré menos que loco.   240

(Vase doña Sancha.)

(Laín, Sol; Toribio, retirado.)

Laín de Lara   ¿Has visto, Sol, qué rigor
y qué enemiga me tiene?

Hembra palaciana viene
a ser villana en amor.
¿Dígola yo caloñeros   245
los mis amores a Sancha?

Sol   A la fe, Sancha se ensancha
de ver que son verdaderos.
Y tú asaz tienes cumplido
el castigo que mereces: 250
haces presentes de nueces,
que no es ál que roído.
Ma Dios, que si yo tuviera
zarafuelles de varón,
que yo buscara ocasión   255
en que no me la debiera.
Mientras plañes se te engríe,
dalle donas la empeora;
que nunca la hembra llora
sino cuando el home ríe.   260
Muda en otra el tu querer,
y verás si finge o no.

Laín de Lara   Y ¿adónde fallaré yo
a tan pulida moller?

Sol   ¿Seméjote muy grosera?   265
¿No te parecen mis bríos,
si no pierden por ser míos,
para que les des celera?

Laín de Lara   Si tú quieres, mi Sol bella,
yo la haré desperar.   270

Sol   Digo que te quiero arriar,

emporque te vengues della.

Laín de Lara   De hoy más soy el tu galán.

Sol   Y yo soy la tu galana
                ven a hablarme mañana: 275
                ¡Verás qué celos le dan!

Laín de Lara   Voy contento, porque cuido
                que le habemos de dar pena.

Sol   Dios te dé ventura buena.

(Vase Laín.)

(Toribio, Sol.)

Toribio   No me despraz el descuido.   280

Sol   Toribio, ¿aquí estabas?

Toribio   Sí,
                y el tu concierto escuché.
                ¿Quieres a Laín? Bien sé
                que te denuestas de mí.
                Pues hidalgo soy asaz,   285
                si bien pobre labrador

Sol   Que tú no sabes de amor.
                haciendas faz.

Toribio   ¿No sé de amor?
                                     No se cata
                amor de gente grosera.   290

Voy a cuidar mi espetera;
que ha de estar como una prata
enantes de anochecer.

(Vase.)

(Toribio, solo.)

Toribio

¡Prega a Dios, ya que me pones
en tales obligaciones   295
cual nunca pensé tener,
pues te llego a maldigar
siendo de mí tan amada,
que el agua que está posada
en las llares del hogar,   300
tan herviente caiga en ti,
que las manos te chamusques;
y que si la frida busques,
no parezca por allí!
¡Quiebres catorce escodillas   305
y seis pratos gallineros,
y a poder de moros fieros
vayas con las cien doncellas.

(Doña Sancha, Toribio.)

Doña Sancha

¿Fuese ya el cansancio mío?

Toribio

Ya tu cansancio se fue,   210
aunque ya no hay por qué
facelle atanto desvío;
que Sol, la tu grande amiga,
le quiere, y delante mí
le enseñó a tenerte a ti   215

homecillo y enemiga.

Doña Sancha   ¿Sol?

Toribio   La miesma; que ferida
de amoricos de Laín,
fa zorroclocos a fin
de ser de Laín querida.   220
¡Ma Dios, que si no me fuera
por vergüenza de señor,
que no fuera labrador,
y a ser soldado me fuera!
Que a quien tanto Sol le ha dado   225
bien se le puede llamar,
y sueldo del rey tirar
atañe a hidalgo honrado.
Y aun quizá no me verán
en el solar esta noche,   230
porque cuando el Sol se abroche,
tendré señor capitán.
A pedir licencia voy
a señor para la guerra;
no quiero estar en la sierra,   235
pues a dos soles estoy.

(Vase.)

(Doña Sancha, sola.)

Doña Sancha   En libertanzas de soltera vida
pasé lo joven de mis verdes años,
enojos hice al tiempo, a amor regaños;
que no me tuvo por jamás rendida.   240
Cuidaba yo que era pasión fingida

cuando sentía encaramar sus daños.
¡Cuitada! ¿Qué haré?, que mis engaños
me llevan a la muerte de corrida.
Habla de amor quien su rigor no sabe,   245
y con el sabio el ignorante arguye;
mas guarde el corazón que no le trabe.
Pero si al tiempo el tiempo restituye,
¿de qué sirve fair?, que amor es ave,
y alcanza con las alas a quien huye.   250

(Tello, doña Sancha.)

Tello   Perdonad si me colé,
                        dueña, sin vuesa licencia;
                        que en la tan linda presencia,
                        serlo del solar se os ve.
                        Hágovos ende mesura;   255
                        y si tengo perdonanza
                        (que de buenos bien se alcanza),
                        pescudo a vuesa hermosura
                        si está acaso en el solar
                        don García de León.   260

Doña Sancha   No ha sido yerro, no,
                        si venides a buscar
                        el mío señor, escudero.
                        Mas de qué parte decid.

Tello   De aquel tan famoso, ardid   265
                        y montañés caballero,
                        don Nuño Osorio.

Doña Sancha   ¿De quién?

Tello   De don Nuño.

Doña Sancha   ¡Santo Dios!
                               ¿Servís a don Nuño vos?

Tello   Y los míos padres también   270
                               a los suyos les sirvieron.

Doña Sancha   Escudero, que bien hayas,
                               y de bien en mejor vayas
                               cual siempre los buenos fueron,
                               escucha una puridad.   275

Tello   Yo vos, señora, prometo
                               de tenérvosla secreto.
                               No hayáis temor, hablad.

Doña Sancha   Ese tu Osorio galán,
                               ¿qué dueña sirve en León   280
                               de las muchas que afición
                               a su mesura tendrán?
                               Que asaz es home pulido,
                               y a pie y a caballo airoso.

Tello   Dama, que hayades reposo   285
                               con bien andante marido,
                               yo sé todos sus secretos,
                               y nunca le vi querer
                               ni amoricos hacer,
                               ni otros quillotros y efetos;   290
                               que la guerra no le ha dado
                               tanto vagar, que pudiese
                               amar quien le mereciese,
                               de muchas que le han amado.

| Doña Sancha | Doyte esté anillo. | |
| Tello | ¿Por qué? | 295 |

Doña Sancha

Porque el hidalgo guerrero
no ha de ser amorero;
que pierde mucho, a la fe.
Y porque soy inclinada
a las armas, me dio gusto   300
saber que un home robusto
no semeje hembra en nada.

Tello

Por la Cruz vera, señora,
que, como acá me he tardado,
él se ha cansado y se ha entrado.   305

Doña Sancha

Bien fizo, y venga en buen hora.

(Nuño, dichos.)

Nuño Osorio

Tello, que Dios haga mal,
¿parécete buen servir
dejarme afuera gañir
en los poyos del portal,   310
y estarte en conversación?

Tello

Cuando veas con quién fue,
disculparásme, a la fe.

Nuño Osorio

Cato que tienes razón,
y aun afirmo que te suebra.   315
Perdonad, señora mía,
si mi corta cortesía

la vuesa prática quiebra;
que a saber que departiendo
con Tello estábades vos,   320
no vos hiciera a los dos
con la mi venida estruendo.
Bien cuido que sois la fija
de don García; que es claro,
porque no querrá tan raro   325
valor que otra alma le rija.
Tenedme por Servidor,
y dadme las vuesas manos.

Doña Sancha   Efetos tan palacianos
               son fijos de tal valor.   330
               Soy quien cuidáis, y muy vuesa
               por vuesa buena opinión,
               de que dais satisfacción
               como el talante lo muesa.
               De hoy más aqueste solar,   335
               de vuesa persona honrado,
               tendrá el nome confirmado
               con que le suelen nombrar.
               Es su apellido León,
               de godos que vienen dél;   340
               y hoy, que vos estáis en él,
               le donáis confirmación.
               Mucho holgará el buen viejo
               de mi padre, don García,
               de veros; que fue algún día   345
               en paz y guerra parejo,
               y vos tiene voluntad.
               ¿Íbades a caza acaso?
               Porque no es este paso
               camino de la ciudad.   350

Como quiera que haya sido,
habéis de dormir aquí;
que si no por él, por mí
lo haréis, pues yo lo pido;
que por hembra no seré   355
mal baldonada de vos.

Nuño Osorio
(Aparte.)   No sé qué diga, ma Dios:
pues ¿qué diré, si no sé?
¿Es posible que ésta era
doña Sancha de León?   360
Alterado el corazón,
puya por salir enfuera.
qué gallarda hidalga,
y rica hembra, además!

Tello
(Aparte a Nuño.)   ¿Qué tienes que tal estás?   365

Nuño Osorio   No lo sé, ¡que Dios me valga!
Cata, ¡qué facciones bellas!

Tello   Mirada y mirando admira;
que parece que si mira
hace en el alma cosquillas.   370

Nuño Osorio   ¡Mal haga Dios al morico
que por las parias llegó!
No el rey que me envió;
que viva a Dios le suplico.
Pero no tuvo razón   375
de darme este cargo a mí.
Pero, pues leal nací,

ánimo, buen corazón.
No cuidéis en esto más;
haced lo que os manda el rey,   380
pues que los vuestros su ley
no la entortaron jamás.
Aunque me muriera, Tello,
por esta hembra atán linda,
que no hay alma que no rinda   385
desde la planta al cabello,
no hiciera cosa indina
de home Osorio, como so.

Tello   Cipión, Nuño, dejó
fama en el mundo devina,   390
solo por ser continente
con la dueña de Cartago.

(Don García, dichos.)

Don García   Si a los vuesos pies no yago,
no hay ál que me contente.

Nuño Osorio   Manténgavos Dios, amén;   395
que la vuesa senetud
a la mía juventud
no debe acoller tan bien.
Tenedos en pie, García;
no vos finquéis de hinojos.   400
Don García   No cuidaba que míos ojos
vieran tan alegre día.
¡Nuño Osorio en la mi casa!
¿Tanto bien en mi solar?

Nuño Osorio

(Aparte a Tello.)	Creciendo va mi pesar,	405
	la causa adelante pasa.	
	No sé cómo reprimir	
	las lágrimas, viendo al viejo,	
	pues vengo a quebrar su espejo.	
Tello	No se lo cuides decir	410
	fasta la noche pasada.	
	Salga el Sol, y a la partida	
	con tan fiera despedida	
	le pagarás la posada,	
Nuño Osorio	García, por ser ya tarde,	415
	no vos digo a lo que vengo:	
	mañana partirme tengo;	
	que no hay tiempo que aguarde.	
	Madrugad, y hablaremos	
	en la hacienda mayor	420
	que ha tenido el nueso honor	
	empós que a España tenemos.	
Don García	Cada que vos me queráis,	
	me fallaréis, el mi Nuño;	
	que agora no vos repuño	425
	en cosa que me mandáis.	
	Aunque quisiera saber	
	qué negocio vos traía.	
Nuño Osorio	De vuesa fija, García;	
	que no vos quiero tener	430
	toda la noche suspenso.	
Don García	Ahora bien, a cenar vamos;	
	que después a tiempo estamos.	

Nuño Osorio   Mandad que fechen un pienso
                   a los caballos no más;   435
                   que no yantaré bocado,
                   porque vengo mal guisado
                   y fatigoso además.

Doña Sancha   No hagáis al padre mío
                   ese tuerto, en no yantar.   440

Nuño Osorio   No es justo caloñar
                   mi desgana por desvío.
                   Mataráme cena alguna.

Doña Sancha   Una conserva no más.

Nuño Osorio   No acostumbro jamás   445
                   el yantar cosa ninguna
                   cuando me siento cual veis.
                   No me hagáis que me dañe.

Don García   Pues, fija, a vos os atañe
                   que el lecho a Nuño poséis.   450
                   Entrad, y en la cuadra mía
                   le haced al caballero,
                   y en la sala al escudero.

Doña Sancha   Yo voy. ¡Qué grande alegría!
                   Toda voy regocijada   455
                   ¡Sol, Leonor, Elvira, Inés!

Nuño Osorio   Descansaré; que después
                   vos diré la mi jornada.

| Don García | ¿Cómo está el rey, que Dios guarde, | |
| | y en su servicio mantenga? | 460 |

Nuño Osorio	Bueno en su real hacienda,	
	haciendo en vistoso alarde	
	de grandezas y virtudes,	
	igrejas y monasterios.	

Don García	dele, Dios tantos imperios,	465
	tantas honras y saludes	
	como hay en un campo aristas	
	a las que el trigo sazona,	
	y a su guarnida persona	
	felicísimas conquistas.	470
	A su buen padre alcancé,	
	en las sus guerras serví,	
	sus hermanos conocí,	
	y en sus discordias me hallé.	
	¡Gracias a Dios, que Bermudo	475
	la cogulla se posó	
	y el Evangelio cantó!	
	bien fizo, reinar no pudo.	
	Yo testigo de la misa	
	del obispo de León.	480

Nuño Osorio	Cuando tan noble blasón	
	padres de tan alta guisa	
	no vos hubieran donado,	
	vuestras hazañas atales	
	las conquirieran iguales.	485

(Leonor, dichos.)

| Leonor | El lecho está ya posado, | |

y otro tal al escudero.

Don García   Entrad, Nuño, a descansar.

Nuño Osorio   Licencia me podéis dar:
                    sumirme en el lecho quiero,   490
                    porque vengo muy cansado.

Don García   Hágavos Dios venturoso.

Tello (Aparte.)   Cuanto hay en casa es hermoso.
                    La nieña me pone agrado.

(Vanse Nuño y Tello.)

(Don García, Leonor.)

Don García   ¿Qué posaron en el lecho   495
                    de Nuño?

Leonor   Atán linda ropa,
                    que no hay lavada copa
                    que así lluzga fasta el techo.
                    Las coberturas de red,
                    ya las sabes cuáles son,   500
                    que el miesmo rey de León
                    las tuviera por merced.
                    De almaizares de moricas
                    posaron el rodapié,
                    las almohadas no sé   505
                    que puedan ser atán ricas.
                    Labradas todas están
                    de pinos de oro y seda:
                    no es más linda la rueda

que hace el pavón galán.   510
Hay dos frazadas de lana
con seis listas de colores,
que en ellas cuidando flores
puede salir la mañana.
El cobertor, a la fe,   515
es tan luengo, que pudiera
vestir tu casa, aunque fuera
como la del rey se ve.
Las sábanas bien serán
buenas, en casa filadas,   520
ende más, tan perfumadas
con mil yerbas de San Juan.

Don García   Hágate Dios bien andante.
                    Vete a servir.

Leonor   Guárdeos Dios.

(Vase.)

(Doña Sancha, don García.)

Doña Sancha   Ya se sumieron los dos.   525
                    La luz les quité delante,
                    aunque asaz se dormirán;
                    que el cansancio los acucia.

Don García   Sancha, yo tengo fiucia
                    que grande bien nos traerán.   530

Doña Sancha   Si fuera merced del rey,
                    que asaz es de mercendero,
                    no cubriera el mandadero

la nueva, ni fuera ley.
Otra cosa, padre mío,   535
se me ha puesto en el caletre,
ni es mucho que la penetre
de sus razones y brío.

Don García   Estoy en tu pensamiento.
                  Mas ¿que se viene a casar?   540

Doña Sancha   ¿Quién lo pudo caletrar
                  mejor que tu entendimiento?
                  La vergüeña, las colores,
                  la dilación en fablar,
                  todas daban a cuidar   545
                  que eran quillotros de amores.
                  ¿No le viste atán turbado?

Don García   Extiéndese por León
                  de tu virtud la opinión.

Doña Sancha   En las fiestas padre amado,   550
                  me debió de ver Osorio:
                  y como soy belicosa,
                  y la su espada famosa
                  la faz al mundo notorio,
                  fuera de ser tu valor   555
                  de todo el mayor testigo,
                  querrá emparentar contigo.

Don García   Yo he conocido el su amor,
                  y aun he conocido el tuyo,
                  y quizá con este fin   560
                  no puedes ver a Laín.

Doña Sancha	De Laín de Lara huyo,	
	porque no me causa agrado.	
	Hazme atamaño placer,	
	que des, a Nuño a entender	565
	que entendiste su cuidado;	
	que él quizá con la vergüeña	
	no se atreve a declarar,	
	Y si se vuelve al lugar	
	sin dar de su intento seña,	570
	perderemos la ocasión.	

| Don García | Más que tú le estimo y quiero. | |

Doña Sancha	¡Éste sí que es caballero	
	heredar tu blasón!	
	Pon el famoso cuartel	575
	de sus aspas y sus lobos	
	pon tu león, harán robos	
	en el pagano cruel.	

Don García	Tú, departiendo en tu amor,	
	no miras, hembra liviana,	580
	que se viene la mañana.	

| Doña Sancha | Pues entra a dormir, señor, | |
| | y al salir del Sol acude. | |

| Don García | No hay hembra que no apetezca... | |

| Doña Sancha | ¡Oh, prega a Dios que amanezca | 585 |
| | aun antes que me desnude! | |

(Vanse.)

(Vista exterior de la casa de don García.)

(Laín, de noche; Tomé, músicos.)

Laín de Lara	No acordéis los estromentos ahora,
	fasta que requiramos sí por dicha
	están en poso todos los criados.

Tomé

Si no salen a arar a los barbechos,   590
dormirán como peñas a estas horas,
porque de la salud el sueño es éste.

Laín de Lara

Yo temo que la noche se me acueste.

Tomé

No cuido que atán cedo salga el alba.

Laín de Lara

Tardé en venir desde el casar.

Tomé

                                        Es lejos.   595

Laín de Lara

Asomos dan allí de sus reflejos.

Tomé

Engáñate el locero cuyos rayos
hacen aquella espléndida clarura.
Si no me miembro mal; mirando el Carro,
no puede escracer en harto tiempo,   600
porque está la Bocina asaz humilde.

Laín de Lara

Cantad, a ver si la cruel se asoma,
que tan aviesos mis pesares toma.

Músicos

Parióme mi madre
una noche oscura,   605
cubrióme de luto,

faltóme ventura.
Cuando yo nací,
hora, fue menguada;
ni perro se oía   610
ni gallo cantaba;
ni gallo cantaba,
ni perro se oía,
sino mi ventura,
que me maldecía.   615

Laín de Lara   ¡Oh, qué tristura tamaña!
                      El espíritu se me roba.
                      ¿Quién fizo tan mala trova?

Un Músico   Un home de la montaña,
                      que es asaz endechador   620
                      y palaciano además.

Laín de Lara   No me la cantedes más;
                      cantadme trovas de amor.

(Celín, Amir, moros, dichos.)

Amir   En aqueste casar habrá ganado.

Celín   Pues llegad con secreto, no nos sientan;   625
                      que si se quejan al famoso Audalla
                      los labradores que estas casas viven,
                      y nos manda colgar de aquestos pinos,
                      seremos para siempre sus vecinos.

Amir   Pues si nos tiene Audalla en este monte   630
                      alojados tan mal, mientras se llegan
                      las parias (que no es mucho que se tarden,

pues por lo menos buscan cien doncellas),
¿qué quiere que comamos sus soldados?

Celín   Aquí cerca hay corrales de ganados.   635

Laín de Lara
(Aparte a un criado.) Por el caldero santo de que saca,
Tomé, las hisopadas nueso preste,
con que el agua bendita nos arroja,
que anda gente puyando las paredes.

Tomé   ¿Por las paredes puyan?

Laín de Lara   ¿No lo catas?   640

Tomé   El hierro saco, vive Dios.

Laín de Lara (Alto.)   ¿Qué gente?

Amir (Aparte.)   Perdidos somos; estos son soldados.

Celín (Aparte.)   Cristianos son que guardan sus ganados.

Laín de Lara   ¿No hablan?

Tomé   ¿Qué es fablar, si son fantasmas?
¿No veis los camisones?

Laín de Lara   Sea quien fuere.   645

Tomé   Mueran, magüer que fuesen los dimuños.

Amir (Aparte.)   Huir es lo mejor.

Laín de Lara   Ya van huyendo.

Tomé   Dimuños son.

Laín de Lara   Pues lleven este tajo.

Tomé   ¿No ves los pies de gallo por debajo?

(Acuchillan a los moros, y vanse tras ellos.)

(Toribio y Pascual, con lanzones; después, Nuño y Tello.)

Toribio   ¡Aquí, señor, aquí; que andan ladrones!   650

Pascual   Si está ya levantado Nuño Osorio,
                        a fe que no se alaben de sus hurtos.

(Sale Nuño a medio vestir.)

Nuño Osorio   ¿Qué es aquesto, hidalgos? ¿Qué es aquesto?
                        ¿Quién en tanta presura vos ha puesto?

Toribio   Ladrones, a la fe, que a los corrales   655
                        debían de acudir.

Pascual   Aquí hay señales.

(Sale Tello.)

Tello   ¿Qué es esto, el mío señor?

Nuño Osorio   Ya no es nada.
                        Acaba de vestirme; que ya el día
                        asoma por enriba de aquel monte.

| Tello | Toma, señor, y la ropilla ponte. | 660 |

Toribio	Ladrones, y riñendo con espadas,
	que hacían ladrar los nuesos perros,
	y aun los que están en los vecinos cerros.

Nuño Osorio	Sea quien fuere, no hayáis pavores;
	que si solo el olor del nome mío	665
	les dio, cuando llegaron a robaros,
	eso solo bastó para que huyan.

| Toribio | Bien dices: no hay ámbar cual la fama, |
| | fumo oloroso de divina llama. |

(Don García, con espada y pavés; dichos.)

Don García	Aunque ha días que dejé	670
	dormir la espada en un clavo,
	a un escándalo tan bravo,
	ma Dios, que la descolgué
	¿Qué es esto, fijos?

| Nuño Osorio | Huyeron |
| | del corral unos ladrones. | 675 |

| Don García | De los aceros los sones, |
| | Osorio, ¿a qué efeto fueron? |

| Toribio | Para los perros serían, |
| | que salieron a morder. |

| Don García | ¡Oh, nunca tengan placer! | 680 |
| | ¡Despertar los que dormían! |

              Tornadvos, Nuño, a posar.

Nuño Osorio   Ya, señor, estoy vestido,
                   endemás que, amanecido,
                   no me vuelvo a ensabanar.   685

Don García   Tomara yo cada día,
                   la fe, destos retozos,
                   para madrugar los mozos
                   en esta hacienda mía.
                   Idvos adentro los dos;   690
                   que a Osorio quiero fablar.

Toribio   Posa, Pascual, que almorzar.

Pascual   Eso te cale, ma Dios.

(Vanse Tello, Pascual y Toribio.)

(Don García, Nuño.)

Don García   Osorio, la vergüeña que has tenido
                   anoche al allegar a mi posada,   695
                   me ha fecho a mí tan libre y atrevido,
                   por la licencia de la edad pasada.
                   Mi fija y yo pensamos que has venido
                   porque el valor de mi solar te agrada,
                   y como estás mancebo, aun ser podría   700
                   juntases tu hacienda con la mía.
                   Yo, Nuño, lo tendré por bien andanza,
                   y te daré las doblas más hermosas
                   que ha visto el Sol, ni avara mano alcanza,
                   y ganadas con armas hazañosas.   705
                   Trigo no me las dio, mas pura lanza.

años ha ya que están guardosas;
mas no las cubre moho; que soy viejo,
y en contallas asaz lucias las dejo.
De Sancha de León, mi fija amada,   710
no te quiero decir virtud ninguna.
soy padre, y tengo el alma apasionada;
que un madre le faltó desde la cuna.
Es hembra que se pone la celada,
y el mujeril tocado la importuna;   715
no es tan laboriosa de vainillas
como de ver hacer un fresno astillas.
Es propia para ti, valiente Nuño;
que la podrás llevar como amazona,
con esta misma que desnuda empuño,   720
para la defensión de tu persona.
No te hará, por esta cruz, rasguño
moro o cristiano en pos de la corona
del rey o el crego, que no haga enmienda,
demás de que te adama por su prenda.   725

Nuño Osorio   noble viejo don García,
                   a quien por padre respetan
                   todos los homes de pro
                   que ser hidalgos profesan:
                   más que para responderos   730
                   mi helada y turbada lengua,
                   hora estaban los mis ojos
                   para plañir sus endechas.
                   No me basta el corazón
                   para que vos dé respuesta,   735
                   habiéndole yo tenido
                   fuerte con homes y fieras.
                   Mas siendo, como es, forzoso,
                   sacaré de mi flaqueza

una lengua de dolor   740
que vos pase las orejas.
Estando el mío rey Alfonso
firmando en la santa igreja
por rey de León y Asturias,
con tantas alegres fiestas   745
(que no estaba jurado
por las traiciones y guerras
que le echaron a Navarra
empués de muerto Fruela),
vino de Córdoba un moro...   750
¡Triste la su vida sea,
mohoso dardo le mate,
que no dorada jineta!
Vino como mandadero
del africano que reina   755
en la más parte de España
y en la más florida tierra.
¡Haya mal poso la Cava!,
que si ella doncella fuera,
no tributáramos nos   760
al África cien doncellas.
Por éstas vino, y el rey
fizo consejo en que hubiera
mayor mal si no templara
mi condición su prudencia.   765
Fueron Meledón Fernández,
Suero Díaz, Teudo Vela,
de parecer que se diesen,
y endespués también lo acuerdan
Nuño Velasco Velázquez,   770
Pero Ruiz, Sancho de Dueñas,
Amaro de Santibáñez,
y Ordoño Juárez de Albelda.

Dicen que no era justo
que estando León sin fuerzas,   775
destruya la tierra el moro,
viendo que el feudo le niegan.
No pudieron hacer más;
pero el rey hacer pudiera
que no trujera yo el cargo   780
que tanto dolor me cuesta.
Las suertes sacó un rapaz,
que no de diez años era;
tocó a vuesa fija Sancha
ser una de las cincuenta   785
que se sacan, como veis,
de la asturiana nobleza.
Si me pesa, Dios lo sabe:
y más agora me pesa,
que me la dais por esposa,   790
y que he visto que es tan bella.

Don García   ¡Yaga mi cuerpo triste en sepultura
enantes que de aquí mueva las plantas,
acompañen las fieras mi tristura
y oscurezcan el Sol las luces santas,   795
plañan la mi tamaña desventura
los homes que han tenido fijas tantas,
pues una sola, que en el alma adoro,
la doy a Osorio, y él la lleva al moro!
No debiera nacer home que nace   800
para bañar a la vejez sus canas
del agua que aún no tiene y que deshace
de la nieve que ya las fizo ufanas.
Conozco que mi muerte al cielo place:
tal fincan a la fin glorias humanas,   805
pues una fija, que era mi tesoro,

la doy a Osorio, y él la lleva al moro.

(Doña Sancha, dichos.)

Doña Sancha   ¿Qué es esto, el mi señor? ¿Qué cuita es ésta?

Don García   Mi fija, entradvos dentro; que no quiero
                     miraros a la cara atán apuesta,   810
                     si no es darme imagen, pues ya muero.

Doña Sancha   Gran mal vueso dolor me manifiesta.
                     ¿Qué vos ha dicho aqueste caballero?

Don García   Él no me ha dicho nada; mas yo lloro
                     que os doy a Osorio y que él os lleva al moro.   815

Nuño Osorio   Sancha, anoche no cené,
                     de dolor de mi embajada
                     La suerte vos ha caído
                     de las doncellas cristianas
                     Valor tenéis, si el valor   820
                     a tales desdichas basta.
                     Lo demás hablen mis ojos
                     con el llanto que los baña;
                     que no me ha cabido a mí
                     menos parte en la desgracia,   825
                     pues os pierdo y pues os llevo.
                     Ojos, hablad; lengua, calla.

Doña Sancha   ¿Tiene alguna hembra el mundo
                     con desventura tamaña?
                     En mal que plañen dos homes,   830
                     ¿qué haré, hembra cuitada?,
                     que parezco, puesta en medio

de sus lágrimas amargas,
fuente de mármol, de quien
procede a los dos el agua.   835
Romperé con tristes voces
la tela del cielo santa,
enterneceré sus luces.
¿Qué haré?

Don García   No hagas nada
mientras me voy a morir;   840
que no te han de ver mis canas
entre los brazos del moro.

Nuño Osorio   Si vuesa desesperanza
me acorre de aquesta guisa,
ibien se hará mi jornada,   845
bien saldré con el decreto
de lo que mi rey me manda!
No digo que no plañáis
en desaventura atanta,
mas que mostréis el valor   850
que vuesa sangre acompaña.

(Vase don García.)

(Doña Sancha, Nuño.)

Doña Sancha   Si vos parece, don Nuño,
que el entendimiento basta,
no tenéis entendimiento.

Nuño Osorio   Bien lo cuido, doña Sancha.   855
No me ganáis en hacer
sentiduras en el alma,

ya por feridas de amor,
ya por naturales ansias;
pero ¿qué remedio?

Doña Sancha   Adiós;   860
que un home que yo cuidaba
que fuera amor de mi vida,
ni como esposo me ampara,
ni como noble me obliga,
ni como, de ley cristiana   865
por caridade me ayuda,
ni cual hidalgo, por armas.
¡Nunca yo te amara, Osorio,
nunca viera la tu cara,
nunca en tu mucha nobleza   870
posara mis esperanzas!
¡Sol, Leonor, dueñas, doncellas!,
venid a mis almohadas;
haremos endechas tristes.

Nuño Osorio   Aguarda, mi vida, aguarda.   875

Doña Sancha   No puedo mirarte, Osorio.

Nuño Osorio   Tien razón, suébrale causa;
que quien hace lo que yo,
de piedra son sus entrañas.

Fin de la segunda jornada

Jornada tercera

(Sala en casa de don García.)

(Don García; Toribio, de soldado.)

Don García   Ni en hechos de mis mayores,
ni en armas del mío blasón,
ni en mis alcurnias, que son
en Asturias las mejores,
he conocido, Toribio,   5
ser mis valores atales,
como en ver que a tantos males
tenga la mi vida alivio.
Mas he oído decir
que los pechos que están llenos   10
de diferentes venenos
suelen por eso vivir;
que en competencia reñida
sobre la jurisdicción,
no tocan al corazón,   15
que es principio de la vida.

Toribio   Suele en el acometer
ser de más violencia el mal;
que en después no es atal
que no se pueda sufrer.   20
Mucho has fecho, y más harás
en esta despedidura;
si aquí la vida te dura,
no hay que decirte más.
Yo, como no he tenido   25
corazón tan fuerte, en sora
para ir con mi señora

de sueldado me he vestido.
Por lo menos la veré
fasta que al moro la entreguen.   30
Endespués mis ojos cieguen.

Don García   Y yo agora cegaré,
                  porque si la luz se va
                  que de mis ojos lo es,
                  ¿cómo tendré vista empués   35
                  que tan eclipsada está?

(Doña Sancha, de luto; dichos.)

Doña Sancha   No sé cómo comience
                  para pediros, el mío padre amado
                  (tanto dolor me vence),
                  la bendición, habiendo ya llegado   40
                  la mi triste partida.

Don García   Mejor dirás el fin de aquesta vida.
                  No tratemos agora
                  de nuesa desventura, que tratada,
                  la pena acuciadora   45
                  de la muerte cruel resta aumentada.
                  Pósate de hinojos,
                  y anegaránse en lágrimas mis ojos.

Doña Sancha   Védesme a vuesas prantas,
                  famoso don García: ia Dios pluguiera,   50
                  y a las ánimas santas
                  que llevó San Miguel de su hoguera,
                  aburadas en fuego,
                  que me matara ese cochillo luego!
                  iOh, cuánto mejor fuera   55

que me pasara el cuello, y no que un moro
al suyo me pusiera,
y que, contra mi ley y mi decoro,
vaya tal asturiana
a ser su denostada barragana!   60

Don García   Fija, no vos conviene
el tolleros la vida el vueso padre.
Lo que del cielo viene,
pensad que no hay ál que más os cuadre.
¡Oh muerte!, el arco quiebra;   65
que un gran dolor para cochillo suebra.
Vos vais donde ha querido
aquel cobarde y fiero Mauregato,
que a nuesa sangre ha sido
atán dañoso vendedor ingrato,   70
y endespués los leoneses,
que ya hacen de hembras sus paveses.
Atended, fija mía,
los míos consejos.

Doña Sancha   Ya vos oigo atenta.   75

Don García   Allá en la Morería
saben quien sois, no vos harán afrenta.
Casaros han con moro
igual a vuestras prendas y decoro.
En toda ley las leyes   80
del matrimonio vos podéis guardallas.
Moros hay muchos reyes:
sabidas vuesas partes, por honrallas,
reina seréis por dicha...
Mal dije: reina, sí; mas por desdicha.   85
haced al moro noble

que vos cupiere en suerte, fija amada,
que de su ley se doble
con caricias de amor; que si agrada
de vusco, no hay cosa   90
que no haga por vos, que sois hermosa.
Y el no le placiere,
la ley de Cristo sepan por lo menos
los fijos que tuviere.
Que por la vuesa parte son tan buenos.   95
La ley santa enseñaldos,
y cada que nacieren chapuzaldos.
Mosaldes la doctrina,
con lo que vuesa madre os enseñaba.
Mi vida ya camina   100
hacia la muerte, que el dolor bastaba;
pero si ascanzo alguno,
luego que dos tengáis, enviadme el uno.
Decilde, fija, al moro
que no perderá nada con su abuelo;   105
y el alto Dios que adoro
vos feche bendición desde su cielo,
tornando la mi mano:
magüer que no soy crego, soy cristiano.

Doña Sancha   Los vuesos pies os beso   110
                       por los consejos santos.

Don García   Fija amada,
                       lo que es razón os mueso.
                       Erguios, no estéis afinojada,
                       si no queréis ser pila   115
                       desta fuente, que lágrimas estila.

(Nuño, Vela, Anzures, Soldados cristianos, dichos.)

Nuño Osorio	No entré, con el pavor que la vuesa despedida me daba, noble señor.	
Don García	Nuño Osorio, en la partida	120
	crece el llanto y el dolor.	
	No sé qué vos diga ya,	
	tal la mi ánima está.	
	La vida lleváis con vusco,	
	la muerte resta con nusco,	125
	que el arco flechando va.	
	Yo no tengo qué os decir	
	sobre lo que hemos hablado,	
	ni de nuevo maldecir	
	al leonés deshonorado	130
	que atal pudo consentir.	
	Solo pienso que sería	
	no sin valor advertencia,	
	al donar la fija mía	
	a la morisca violencia	135
	este miserable día,	
	contalle su calidad	
	al capitán cordobés,	
	y decir que en su ciudad,	
	pues atán cumplida es	140
	de príncipes de su edad,	
	le den marido de quien	
	algún nieto la rescate,	
	y el mío solar también;	
	que pienso que faz remate	145
	en lo que míos ojos ven.	
	¡Cuán al revés pensé yo	
	que Osorio le prolongara,	

cuando a mi casa llegó,
y que sus lobos juntara   150
al león que ya finó!
Pero ya sus lobos son
de tan fiera condición,
que a ensangrentar su pelleja
llevan al moro mi oveja,   155
sin defensalla el león.
Las parias en prata y oro,
en caballos y en halcones
paga el cristiano y el moro;
mas dar hembras los varones   160
no es varonil decoro.
Cuando desta infame prueba
volváis, decildes por nueva
que quedo espantado acá,
no de Alfonso que las da,   165
mas de Osorio que las lleva.

Nuño Osorio   Aguardad, oíd, García;
                     no sin respondida os vais.

(Vase don García.)

Vela   Fuese; que el dolor le guía.

(Doña Sancha, Nuño, Vela, Toribio, Anzures, Soldados cristianos.)

Doña Sancha   Osorio, no lo tengáis   170
                     de un padre a descortesía;
                     endemás que un gran dolor
                     tiene de poder fablar
                     licencia de embajador,

Nuño Osorio	Ya es hora de caminar	175
	y de esforzar el dolor.	
	Yo no vos miro a la cara	
	por no tomar sentimiento.	

Nuño Osorio Ya es hora de caminar 175
        y de esforzar el dolor.
        Yo no vos miro a la cara
        por no tomar sentimiento.

Doña Sancha Aquí, Toribio, repara,
        mientras puyo en el jumento, 180
        ya sin espuela y sin vara;
        que fasta aquí solía ser
        en los mis hechos varón,
        y al caballo las poner;
        mas ya que tan flacas son, 185
        voy como flaca mujer.
        Al mío padre le dirás
        que a la Virgen del Monte
        diga diez miesas o más,
        y luego a caballo ponte; 190
        que cedo me alcanzarás.

Toribio Yo haré lo que me ordenas.

Doña Sancha Ven, Osorio.

Nuño Osorio
(Aparte.)   Su valor
        la sangre hiela en mis venas.

Doña Sancha Homes, no hayáis pavor, 195
        que a cobardes matan penas.

(Vanse, todos, menos Toribio.)

(Toribio, solo.)

Toribio

> A la fe, que si esto fuera
> por armas de dos a dos,
> y con Sancha las hubiera,
> magüer que mujer, ma Dios,   200
> el moro no la collera.
> ¿no le cupiera a Leonor
> esta suerte de doncellas?

(Laín, con la espada desnuda y una rodela; Toribio.)

Laín de Lara

> (Para sí. Pienso que es cierto el rumor;
> que han ferido las estrellas   205
> voces de tierno dolor.
> Aquí está un home, y soldado
> del hidalgote venido
> por mal año del solar,
> y aun de todos sus vecinos.)   210
> Te mate el primer morico,
> ¿qué es lo que dicen de Sancha?

Toribio

> Presto me has desconocido.
> No soy sueldado, señor,
> ni con Osorio he venido.   215
> Toribio soy; ¿no me ves?

Laín de Lara

> ¿Qué es esto, amigo Toribio?

Toribio

> Vino ese Nuño, o dimuño
> (que como dimuño ha sido,
> pues se lleva los cristianos   220
> donde no se sirve a Cristo),
> y la mi señora lleva,
> por enriba desos pinos,
> adonde está el moro Audalla.

| Laín de Lara | ¿Que la suerte le ha cabido | 225 |
| | de las cincuenta hidalgas? | |

Toribio   Todo es vero cuanto digo,
             ¡Pluguiera a Dios no lo fuera!

Laín de Lara   Yo soy muerto.

Toribio   Y yo morido.

Laín de Lara   ¿Nuño Osorio se llamaba   230
                  ese capitán que vino
                  a hacer cosa tan vil?
                  ¿En home de su apellido,
                  en home de su opinión
                  cupo tan mal fecho?

Toribio   Quiso   235
                  el rey que un home de pro,
                  porque fuese obedecido,
                  viniese por los solares
                  con cien homes que ha traído,
                  todos con buenas corazas,   240
                  bien apuestos y guarnidos.

Laín de Lara   ¿Cien homes?

Toribio   Yo los conté
                  por en somo del ejido:
                  cincuenta son de a caballo,
                  con lanzas como unos pinos.   245

Laín de Lara   ¿Y los otros?

Toribio   También vienen
                        a caballo.

Laín de Lara   Desvaríos
                        de home ignorante.

Toribio   A la fe,
                        con el dolor amarrido.

Laín de Lara   ¡No tuviera diez hidalgos,   250
                        o mis parientes o amigos!

Toribio   ¡Con diez a ciento!

Laín de Lara   Y estoy
                        por ir solo.

Toribio   ¿Estás perdido?
                        ¿Es home Osorio de burlas?

Laín de Lara   Para morir sin juicio,   255
                        ¿qué importan ciento ni mil?

Toribio   Tente y cobra tu sentido.

Laín de Lara   La muerte al cielo pido,
                        pues, se me va la vida y no la sigo.
                        ¡Ay Sancha de los míos ojos,   260
                        Sancha de los ojos lindos,
                        Sancha del tranzado largo,
                        de oro crespo, rubio y rizo:
                        Sancha de la crencha bella,
                        atada en coifa de pinos!   265

Ma Dios, que sobre el cabello
la vi sentar un domingo.
Con no escuchar de su boca
sino desdenes y olvidos,
perlas eran sus palabras,   270
sus labios corales lisos.
La muerte al cielo pido,
pues se me va la vida y no la sigo.
Mas ¿qué fago? ¡Sandio yo,
caballero mal nacido!   275
¿Yo soy Lara? ¿Yo desciendo
de aquel godo Atanagildo?
Doña Sancha de León,
el mi amor, el mi principio,
que antes ni en pos no amé   280
otra hembra, por Dios vivo,
ha de gozar un Zulema,
un Almanzor, un Celindo?

Toribio   ¡Hola! ¿No catas que hablas
                        sandeces de home sin tino?   285
                        ¡Por Dios vivo juras tú!
                        ¿No temes que por castigo
                        te zampuce so la tierra
                        un rayo del cielo?

Laín de Lara   Amigo,
                        no caté lo que decía: 290
                        en aquel Señor confío
                        perdonará la mi culpa;
                        en demás que mi delito
                        es de home que está sin seso,
                        y haré buenos testigos   295
                        en ir a morir agora.

Toribio   Detente.

Laín de Lara   Guardad mis filos,
                  hidalgos los de León,
                  que os vendéis vosotros mismos
                  por no morir de una vez.   300

Toribio   ¿Dónde vas?

Laín de Lara   A resistillos;
                  que un home sin juicio
                  por mil espadas colará atrevido.

(Vanse.)

(Campo.)

(Audalla, Amir, Celín, moros.)

Audalla   A no decirme el rey que era contento
                  de rendirme las parias, no esperara.   305

Amir   ¿Qué puede ser tan gran detenimiento?

Celín   Ya por ventura en dártelas repara.

Audalla   Si han hecho nuevo acuerdo, sentimiento
                  pienso mostrar, que viéndome la cara
                  diga una cosa, y otra estando ausente.   310

Celín   Serán consejos de su altiva gente.

Amir   Son atrevidos estos asturianos,

y van creciendo en número y en fuerzas.

Audalla   ¿Qué pueden ya los míseros cristianos,
                 por más que con tus miedos los esfuerzas?   315

(Tello, dichos.)

Tello   ¿Adónde está, gallardos africanos,
                 el capitán?

Celín (Aparte
a Audalla.)   Correos hay, no tuerzas
                 de las parias un átomo.

Audalla   Ni puedo;
                 que tengo al rey y a sus enojos miedo.
                 Yo soy el capitán.

Tello   Y yo he venido,   320
                 valiente Audalla, a darte aviso agora
                 que estés con la tu gente apercibido
                 a recibir las parias.

Audalla   No atesora
                 mi rey, en cuantas joyas le han traído
                 de los dorados reinos del aurora,   325
                 cosa que estime en más.

Tello   Sal a ese prado
                 con tu escuadrón.

Audalla   ¿Quién viene?

Tello   Un gran soldado;

Nuño Osorio se llama.

Audalla   Ya su fama
y su persona he visto: es caballero
de gran valor y generosa rama,   330
de tronco entre cristianos el primero;
y aunque por esto mismo me desama,
por sus hazañas y opinión le quiero.
Darte quiero un presente que le lleves.

Tello   Por el que te ha de dar, bien se le debes.   335

Audalla   ¿Hay mujeres hermosas?

Tello   Tan hermosas
que las de antaño exceden; mas entre ellas
como a las hojas las bermejas rosas
excede Sancha de León las bellas.
No hay entre cristianas generosas,   340
atanto de casadas cual doncellas,
hembra de más valor ni hermosura.

Audalla   Por mía la acoto.

Tello   Habrás buena ventura.

Audalla   Pónganse en ala mis quinientos homes,
que coronen el prado con más varias   345
colores que sus plantas de mil nombres,
para que puedan recibir las parias.

Amir   Veráslos tan gallardos, que te asombres.

Tello   Quien parias dio, a la ley de Dios contrarias, en el infierno yaga con Pilatos.   350

Celín   ¿Qué dices?

Tello   Que de un ángel son retratos.

(Nuño, Toribio, Anzures, dichos.)

Nuño Osorio   ¿Que por todo el camino viene Sancha
                 los brazos y las piernas descubiertas?

Anzures   Es cosa que nos lleva sin sentido,
                 y que cuidamos que le habrá perdido.   355

Nuño Osorio   No puede, amigos, ser de otra manera,
                 porque con seso no se descubriera.

Toribio   No puedo contener, capitán fuerte,
                 las lágrimas de ver la mía señora
                 venida en tanto mal.

Nuño Osorio   Con causa llora.   360

Toribio   Los blancos brazos y los tiernos pechos,
                 que no se descubrieron en su casa
                 a Sol, su prima, ni a Leonor, su amiga,
                 los trae descubiertos por el campo.

Nuño Osorio   Que Sancha de León, entre cien homes,   365
                 siendo hembra tan cuerda y bien nacida,
                 camine con los brazos y las piernas
                 descubiertas a todos claramente,
                 no puede ser hazaña deshonesta.
                 A la fe, Anzures, que ha perdido el   370

seso, y que esta sinrazón se le ha tullido.

Anzures

Pues ¿cuidas lo hiciera en su sentido?

Nuño Osorio

No lo hiciera hembra tan constante,
tan colmada de honor y de crianza.

Anzures

La pena, Nuño, de cuidar que un moro   375
ha de pisar su virginal decoro
¿qué no podrá?

Nuño Osorio

                              Podrá lo que ha podido,
que es quitarle el honor con el sentido.
Confiésovos, soldados valerosos,
que cuando la miré venir desnuda,   380
con ser atán hermosa, blanca y linda,
que llevaba las hojas de los árboles,
cuanti más que los ojos de los homes,
quité los míos por vergüeña, y dije:
«No el seso, que el dolor, a Sancha rige.»   385

Anzures

No hay soldado (con ser libres homes,
y solteros los más y mancebicos)
que se atreva a mirarla; y si la mira,
no de codicia del su amor suspira,
mas llora de dolor, viendo tal dama   390
que de pesar su honestidad infama.

(Tello, dichos.)

Tello

Ya di, señor, a Audalla tu recado,
y corona de moros este prado,
aguardando las parias que le llevas,
con dulzainas, tambores y jabetas.   395

100

Dióme un presente, Osorio, que te diese,
atán rico, que es digno de ti mismo:
cuatro caballos nobles, andaluces,
un rosillo, dos bayos, cabos negros,
y un blanco escrito a ruedas, que parece   400
que le han pintado adrede, y cada uno
con un alfanje damasquino, atado
por el arzón con una cuerda de oro,
nielado el pomo, la contera y brazos,
que Alfonso se pudiera honrar con ello.   405

Nuño Osorio

No me lo digas, no; déjame, Tello.

Tello

Pues ¿qué dirás, si ya, señor, supieses
cómo tiene el morazo, que mal haya,
escollida por hembra a doña Sancha?

Nuño Osorio

Buen pro le hará, que sandia se ha tornado.   410

Tello

¿Sandia, señor?

Nuño Osorio

        ¿No basta que lo diga?
Loca y sandia la tiene su fatiga.
Las piernas y los brazos descubiertos,
camina entre nosotros.

Tello

        ¡Triste caso!

(Vela, dichos.)

Vela

Ya están, señor, enfrente de los moros   415
las cien doncellas.

Nuño Osorio

        Bien lo vi en sus lloros.

Vela	Apenas, gran señor, los descubrieron,
	cuando mil gritos y alaridos dieron,
	no maldigando solo a Mauregato,
	sino a Alfonso, de cobarde, ingrato,	420
	y a ti también, señor, que las entregas.
	Veráslas todas que, de llanto ciegas,
	el campo siembran de oro del cabello.

Nuño Osorio   Su duelo escucho y no me maraviello.
Mas ¿qué hay de doña, Sancha?

Vela   Un caso extraño: 425
que así como, desnuda, vio los moros,
las piernas y los brazos se ha cubierto,
y vestida y honesta y vergonzosa,
cerróse toda como rubia rosa
que en ausencia del Sol las hojas junta,   430
marchita, triste, pálida y difunta.

Nuño Osorio   ¿Que se ha vestido?

Vela   Sí que se ha vestido.

Nuño Osorio   Traedla aquí.

Toribio   Yo voy, señor, por ella.

(Vase.)

Nuño Osorio   Saber quiero la causa que ha tenido.

Vela   De ti, señor, se ofende y se querella.   435

| Nuño Osorio | No tengo culpa yo; del rey ha sido. |

| Anzures | Mal fecho fue; ¡tan principal doncella!... |

| Nuño Osorio | En las suertes no hay culpa ninguna;
culpar debiera Sancha su fortuna. |

| Toribio | Aquí viene doña Sancha. | 440 |

(Doña Sancha, Toribio, Nuño, Tello, Vela, Anzures, Soldados cristianos.)

| Nuño Osorio | Pues ¿cómo vestida vienes,
tú, que desnuda venías? |

| Doña Sancha | Osorio, ¿que no lo entiendes? |

| Nuño Osorio | ¿Cómo lo puedo entender,
pues hacen esas sandeces   445
los que no tienen juicio,
y tú vemos que le tienes? |

| Doña Sancha | Atiende, Osorio cobarde,
afrenta de homes, atiende,
porque entiendas la razón,   450
si no entenderla quieres.
Las mujeres no tenemos
vergüenza de las mujeres:
quien camina entre vosotros
muy bien desnudarse puede,   455
porque sois como nosotras,
cobardes, flacas y endebles,
hembras, mujeres y damas;
y así, no hay por qué no deje
de desnudarme ante vos,   460 |

como a hembras acontece.
Pero cuando vi los moros,
que son homes, y homes fuertes,
vestíme; que no es bien
que las mis carnes me viesen.   465
¿Qué honestidad he perdido,
cuando venzo entre mujeres?
Ninguna, pues que lo sois
tan cobardes y tan leves;
pero no cuando los moros,   470
que son homes.

Nuño Osorio   Sancha, tente;
tente Sancha; que me matas,
me enfurias y me ensandeces.
¡Por el alcázar divino,
por las deidades celestes,   475
por la sangre de mis padres,
que en blancos mármoles duermen
en San Salvador de Oviedo,
que no el mundo me afrente
con el nome de mujer,   480
cuando mil vidas perdiese!
¡Porque somos hembras viles
las tus carnes no defiendes,
y a los moros las cobijas
porque son homes valientes!   485
¡Hola, saldados! Alfonso,
sus consejeros, sus leyes,
sus paces y sus conciertos
en este punto perecen.
Quinientos moros están   490
armados, cual veis, enfrente:
ciento somos; toca el arma;

que asaz ha fecho quien muere.
¿Yo mujer? ¡Ante mis ojos
se desnudan! Si la hueste   495
fuera del mismo Alejandro,
Darío, César, Pirro o Jerjes,
no dejara de morir
por lo menos, y tenerme
por tan home como soy.   500

Anzures   No has dicho eternamente
                 palabra tan bien hablada.

Vela   ¡Nosotros somos mujeres,
                 Osorio, y los moros homes!

Tello   Señor, si agora consientes   505
                 esta afrenta, ¿qué dirán
                 los que en pos de nos vinieren?

Nuño Osorio   Que no hay que rehortir;
                 esto haré cada siempre
                 que el cielo me diese vida.   510
                 La vida presto se pierde;
                 la fama por siempre dura,
                 y vuela de gente en gente
                 fasta los fines del mundo.

Doña Sancha   ¡Oh Nuño gallardo y fuerte!   515
                 ¡Oh gloria de los Osorios!
                 Conténtate que me cuestes
                 el haberme descubierto,
                 que en mi prez valor no tiene.
                 Acomete esos quinientos;   520
                 que yo pondré a mis mujeres

las armas que vos sobraren;
que con el dolor que vienen
harán más que dos mil homes.
Y si se quejare el rey   525
o el reino de lo que haces,
¿qué importa que nos degüelle?
Ende más que Dios hará
y el su Apóstol, que defiende
este rincón, donde yace,   530
que Alfonso la furia temple.

Nuño Osorio   ¡Oh valerosa asturiana!
¡Si vida el cielo me ofrece,
yo te pagaré el valor
Santiago!

Doña Sancha   Osorio, acomete.   535

(Vase.)

Todos   ¡Santiago!

(Éntranse todos, y principia dentro la batalla.)

(Audalla, Nuño, Amir, Soldados moros, Soldados cristianos, todos dentro.)

Audalla   ¿Qué es esto? ¿Desta suerte pagan parias
los cristianos al rey de España?

Nuño Osorio   ¡Oh perro!
Ésas que le han pagado son contrarias
al cielo y al valor de aqueste hierro.   540

Audalla   Yo te haré deshacer en partes varias,

y a las aves poner en ese cerro.

Nuño Osorio   Mira por ti, villano; a ver si toma
                     tu defensión el pérfido Mahoma.

(Salen todos peleando.)

Amir   ¡Mueran, valiente Audalla, los cristianos!   545
                     Quinientos somos.

Nuño Osorio   ¡Linda fama adquieres,
                     cuando ciento muramos a tus manos!

(Doña Sancha, con un gran número de doncellas armadas de espadas y rodela, que se ponen al lado de Osorio; dichos.)

Doña Sancha   Llevad de aquesta guisa las mujeres.

Nuño Osorio   Estimo, Sancha, tus valientes manos.

Doña Sancha   Tú eres quien me da valor.

Nuño Osorio   Tú eres   550
                     por quien he de hacer del moro estrago.

Audalla   ¡Aquí Mahoma, aquí!

Nuño Osorio   ·¡Y aquí Santiago!

(Vanse.)

(Sala en el alcázar de León.)

(El Rey, Teudo, Suero, Meledón.)

<table>
<tr><td>Rey Alfonso</td><td>

Las joyas que voy juntando,
mis hidalgos, son a efeto,
si a la avaricia sujeto
me vades imaginando,
de hacer una cruz de oro
de inestimable valor,
que dar a San Salvador
por prenda de la que adoro.
No vos cale en esta guisa
dar caloña a lo que fago;
que no de cosas me pago
que la ley cristiana pisa.
Los diamantes y amatises,
los rubíes y balajes,
girasoles de linajes
que atán diferentes vistes,
las zafiras y esmeraldas,
crisólitos y topacios,
han de ocupar los espacios
de la faz y las espaldas.
Esto fue juntar tesoro,
no a la fe por codicia.

</td><td>

555

560

565

570

</td></tr>
<tr><td>Teudo</td><td>

¿Cuidas tú que fue malicia
cuidar que juntabas oro?
No, señor, sí soldemente
que alguna guerra esperabas,
con que defensar pensabas
de los moricos tu gente;
que asaz, buen Alfonso, basta
el nombre y santa opinión
de Casto, aunque es compasión
que de ti no dejes casta.

</td><td>

575

580

</td></tr>
</table>

Suero   ¿Con quién, invito señor,   585
                  piensas hacer esa cruz,
                  que dará a tus obras luz
                  y devino resplandor?
                  ¿Dónde fallarás platero
                  de tan alta platería?   590

Rey Alfonso   Escorrid la tierra mía
                  vos, Meledón, y vos, Suero,
                  fasta que topéis un home
                  asaz suficiente deso,
                  que vos guise de maeso,   595
                  ya por obras, ya por nome;
                  que no ha de haberse visto
                  cruz de tamaño valor,

Meledón   Sepa tu merced, señor,
                  que la adoración que a Cristo,   600
                  a la Cruz debe el cristiano;
                  y así, es bien hacerla atal.

Rey Alfonso   Daré de mi amor señal,
                  en aprecio soberano,
                  de aquel Señor que se puso   605
                  en ella por mis pecados.

Teudo   Pies y brazos acabados,
                  ¿no harás algo de yuso?

Rey Alfonso   Un pie sobre que se pose.

Teudo   ¿E no harás los judíos   610
                  que le hicieron desvíos?

Rey Alfonso	Mejor en gracia repose
	y en fuesa de mis pasados,
	que ningún judío haga;
	que aun pintados no me paga 615
	de mirallos figurados,
	cuanti más hacerlos de oro.

Rey Alfonso Mejor en gracia repose
        y en fuesa de mis pasados,
        que ningún judío haga;
        que aun pintados no me paga 615
        de mirallos figurados,
        cuanti más hacerlos de oro.

Teudo   Pues muy de judíos es
        tener oro fasta en pies.

Rey Alfonso No será en la Cruz; que adoro. 620

(Amir, dichos.)

Amir   ¿Está el rey aquí?

Rey Alfonso   ¿Quién es?

Suero   Un morico mal ferido.

Rey Alfonso Home, ¿de dónde has venido?

Amir   Escucha.

Rey Alfonso   Prosigue, pues.

Amir   De Córdoba soy, Alfonso; 625
        aquí vine con Audalla,
        señor de Úbeda y Baeza,
        de Montilla y Guadalcázar,
        alguacil mayor del rey
        que tiene el cetro en España, 630
        a quien, porque en paz os deje,

pagáis los de Asturias parias.
Él os habló de su parte
y dio real embajada
en razón de lo que digo,   635
que no con violencia de armas;
pudiérades responder
que no os agrada el pagarlas,
y a Córdoba se volviera,
adonde el rey las cobrara;   640
mas respondistes, el rey
(si reyes los vuestros llaman
a los que, haciendo traición,
rompen, su firma y palabra),
que esperase a pocas leguas   645
de León, mientras se daba
orden de juntar la gente,
que estaba en diversas casas.
Esperó; llegó un soldado
un martes por la mañana,   650
que dijo que Nuño Osorio
ya con las parias llegaba.
Dímosle todos albricias,
codiciosos de cristianas;
que no pienso que tendréis   655
por mal gusto el estimarlas.
Apareció sobre un monte
con cien doncellas que al alba
daban por cien soles luz,
y cien homes de armas blancas.   660
puso Audalla sus quinientos,
como el que las esperaba,
en forma de Luna abierta...
Digo, al menguar de su cara.
Mas, movida entre ellos mismos,   665

por dicha, de no entregarlas
nueva plática y acuerdo,
mandaron tocar las cajas.
Embisten el escuadrón
con ballestas y con lanzas,   670
de suerte que las mujeres
con piedras y con espadas
hicieron tan altos hechos,
tan espantosas hazañas,
que de quinientos que fuimos   675
apenas los ciento escapan.
Murió Audalla, porque Nuño
le deshizo a cuchilladas,
con ser el home más bravo
que de África vino a España.   680
Huyeron por esas sierras
los que la vida estimaban;
yo solo a avisarte vengo
para decirte en la cara
que no es de reyes mentir   685
ni faltar a su palabra;
y que si no lo has sabido,
hagas en Nuño venganza,
autor de aquesta traición,
porque, de no castigarla,   690
¡ay de León!, ¡ay de ti!

Rey Alfonso   Calla, moro, escucha y calla;
que estoy rabiando de enojo.

Suero   Éste es Nuño Osorio.

Rey Alfonso   Aguarda:
verás el mayor castigo   695

que ha fecho rey en España.

(Nuño, doña Sancha, Laín, Vela, Toribio, Anzures, doncellas, Soldados cristianos, dichos.)

Nuño Osorio	Postradvos todos al rey y lo que quisiere haga.
Rey Alfonso	No hay cómo satisfaga la venganza ni la ley. 700
Nuño Osorio	Rey Alfonso, que Dios guarde...
Rey Alfonso	Nuño Osorio, mal venido...
Nuño Osorio	Licencia de hablarte pido.
Rey Alfonso	Para tu traidor alarde; no pasen más ante mí 705 los que te han acompañado.
Nuño Osorio	¿Estás, buen rey, enojado?
Rey Alfonso	Justamente contra ti tengo homecillo y enojo.
Nuño Osorio	Si me escuchas, quedarás 710 bien satisfecho además.
Rey Alfonso	No quiero yo tu despojo, no tu traidora vitoria, aunque digna de alabanza, porque ningún prez alcanza 715 ni tien derecho a memoria

quien no faz la mandadura
del su rey, tuerta o derecha,
porque estuences faz sospecha
que no le cata mesura.   720

Nuño Osorio   El mío rey, oíd si os praz;
                     después tollerme podréis
                     la vida, si vos queréis;
                     que pescuezo tengo asaz.

Rey Alfonso   Por las fojas del misal,   725
                     adonde yacen pintados
                     los santos apostolados,
                     que habléis por vueso mal.
                     ¡Hola! Llamad un verdugo.

Nuño Osorio   Oídme en tanto, señor,   730
                     por aquel pasado amor
                     que ya tenerme vos plugo.

Doña Sancha   Oílde, rey generoso,
                     no estéis desaforado
                     con quien honra vos ha dado,   735
                     que es hidalgo hacendoso.

Rey Alfonso   Por vos, hembra, escucharé,
                     que parecéis mesurada.

Doña Sancha   Soy de buen padre engendrada.

Rey Alfonso   ¿Quién el vueso padre fue?   740

Doña Sancha   Don García de León.

Rey Alfonso   Ma, Dios, que aun es mi pariente.

Doña Sancha   Hablad, Osorio valiente;
                  que el rey vos dará atención.

Nuño Osorio   Yo llevé las cien doncellas,   745
                  las pecheras y hidalgas,
                  famoso rey de León,
                  de Asturias y las montañas,
                  para entregar a los moros
                  a su capitán Audalla,   750
                  como lo dirá el presente,
                  que estuences me vio llevarlas.
                  Del solar de don García
                  saqué, rey, a doña Sancha,
                  mujer asaz belicosa   755
                  y digna de eterna fama.
                  Ella por todo el camino,
                  quitada su saboyana,
                  iba los brazos y piernas
                  descubiertos a luz clara.   760
                  Nos tuvímoslo a sandez,
                  y no quisimos miralla;
                  que aun hay en homes mesura
                  a tiempo que en hembras falta.
                  Cuando Sancha vio los moros,   765
                  vistióse cedo, y miraba
                  si alguno dellos la vía,
                  vergüeñosa y recatada.
                  Como la vimos vestir,
                  pescudámosle la causa,   770
                  y dijo que entre nosotros
                  de ir desnuda no cuidaba,
                  por ser, como ella, mujeres

viles, endebles y flacas;
pero que en viendo los moros,   775
homes fuertes, homes de armas,
se recató, como hembra
que del home se recata.
Apenas lo oí, señor,
cuando, a tener luenga barba,   780
pedazos me la hiciera;
mas pagólo la mi cara.
Juré por Dios, que no pude
a tan gran jura quebrarla,
de no entregar las donas,   785
de no dar las viles parias;
sucedió lo que ya sabes.
Así los cielos te hagan
el más dichoso, buen rey,
en todas las tus andanzas,   790
que juzgues lo que hicieras
si en aquel prado te hallaras,
viéndote llamar mujer,
hidalgo y de ley cristiana,
y llamar home valiente   795
a un moro de ley contraria.
Córtame, rey, la cabeza,
aquí tengo la garganta;
home moriré, no hembra,
como los que dan las parias.   800

Rey Alfonso   Quedo, Osorio; todos somos
homes, de Dios por la gracia.
No soy yo hembra; ma, Dios,
magüer que Casto me llaman,
que el Casto fue por virtud,   805
no porque el brío me falta;

que una cosa es no querer,
y otra la flaqueza humana.

Suero   Nuño Osorio, yo soy Suero;
lo que el rey ha dicho basta   810
para que de hoy en delante
no digan hembras ni damas
que los homes somos hembras.

Meledón   Si dije que se pagaran,
no cuidé yo que vallan   815
las mujeres a las armas.
No se paguen más al moro.

Rey Alfonso   Vete, moro, enhoramala.
Di al tu rey que cien doncellas
son cien chuzos y cien lanzas.   820
Que venga como quijere;
que las hembras solaz bastan
a defenderse a sí miesmas.

Amir   Presto veréis la venganza
que hace mi rey de vosotros.   825

Nuño Osorio   Aun bien que las tus adargas
saben ya los muesos golpes.

Doña Sancha   A bocados, a puñadas,
los desharemos las hembras.

Nuño Osorio   Dad algo a Laín de Lara,   830
rey, que en aquesta ocasión
fizo notable matanza
en los cordobeses moros.

| Laín de Lara | El premio desta batalla |
| | vos pido que Sancha sea. | 835 |

Nuño Osorio	Eso no; que doña Sancha
	ha de ser mujer de Osorio,
	y seldo vos de mi hermana,
	que es la hembra más hermosa
	que hay en todas las montañas.	840

| Laín de Lara | Digo que, pues Sancha os quiere, |
| | buena pro, Nuño, vos haga. |

| Rey Alfonso | Yo seré a los dos padrino. |

| Toribio | Y yo a dar nuevas tan altas |
| | voy al Sol de aquel buen viejo. | 845 |

Rey Alfonso	A Osorio le doy por armas
	alrededor de los lobos
	Dieciséis famosas aspas;
	a Laín fago desde hoy
	el capitán de mi guarda.	850

| Nuño Osorio | Aquí, senado, hacen fin |
| | de don Nuño las hazañas. |

| Doña Sancha | Eso no. |

| Nuño Osorio | Pues ¿quién, señora? |

| Doña Sancha | Las famosas asturianas. |

Fin de la comedia

Libros a la carta

A la carta es un servicio especializado para

empresas,

librerías,

bibliotecas,

editoriales

y centros de enseñanza;

y permite confeccionar libros que, por su formato y concepción, sirven a los propósitos más específicos de estas instituciones.

Las empresas nos encargan ediciones personalizadas para marketing editorial o para regalos institucionales. Y los interesados solicitan, a título personal, ediciones antiguas, o no disponibles en el mercado; y las acompañan con notas y comentarios críticos.

Las ediciones tienen como apoyo un libro de estilo con todo tipo de referencias sobre los criterios de tratamiento tipográfico aplicados a nuestros libros que puede ser consultado en Linkgua-ediciones.com.

Linkgua edita por encargo diferentes versiones de una misma obra con distintos tratamientos ortotipográficos (actualizaciones de carácter divulgativo de un clásico, o versiones estrictamente fieles a la edición original de referencia). Este servicio de ediciones a la carta le permitirá, si usted se dedica a la enseñanza, tener una forma de hacer pública su interpretación de un texto y, sobre una versión digitalizada «base», usted podrá introducir interpretaciones del texto fuente. Es un tópico que los profesores denuncien en clase los desmanes de una edición, o vayan comentando errores de interpretación de un texto y esta es una solución útil a esa necesidad del mundo académico.

Asimismo publicamos de manera sistemática, en un mismo catálogo, tesis doctorales y actas de congresos académicos, que son distribuidas a través de nuestra Web.

El servicio de «libros a la carta» funciona de dos formas.

1. Tenemos un fondo de libros digitalizados que usted puede personalizar en tiradas de al menos cinco ejemplares. Estas personalizaciones pueden ser de todo tipo: añadir notas de clase para uso de un grupo de estudiantes, introducir logos corporativos para uso con fines de marketing empresarial, etc. etc.

2. Buscamos libros descatalogados de otras editoriales y los reeditamos en tiradas cortas a petición de un cliente.